2018
신춘문예와 무관한 시집

신춘문예와 무관한 시집

지은이 김선태 이유빈 박주원 박성규 조호산나 김윤태 박근태 희키 맜살 바리
　　　　김용건 조연호 김현체 배우리 고려쿠마 김미체 한지임 김형석 성종인
　　　　유진호 이상학 임윤정 홍종훈 김태환 김상철 김혜인 김영준 이정민 양석훈
디자인 好文木
인　쇄 천광인쇄
펴낸이 김미체

초판 1쇄 펴낸날　2018년 1월 23일

도서출판 나무야미안해
주　　소 서울시 도봉구 우이천로 32길 67, 4-702
전　　화 010-4396-0929
팩　　스 0303-0300-7719
홈페이지 http://www.sorrytree.net/
전자우편 mglx@sorrytree.net
출판등록 제2016-23호
ISBN 979-11-958826-7-0

* 책값은 뒤표지에 있습니다.

2018
신춘문예와 무관한 시집

김선태 이유빈 박주원 박성규 조호산나 김윤태 박근태 희키 맜살 바리
김용건 조연호 김현체 배우리 박수민 김미체 한지임 김형석 성종인
유진호 이상학 임윤정 홍종훈 김태환 김상철 김혜인 김영준 이정민 양석훈

발간에 붙여

　시작은 《신춘문예 당선시집》을 읽다가 문득 나온 이야기였습니다. 다 함께 시를 써보자는 가벼운 이야기로 시작해서 우리도 책을 만들어보자는 생각을 하기까지는 긴 시간이 아니었습니다. 그리고 이렇게 원고가 모여 책을 만들 수 있게 되었습니다.
　아직도 자신의 글이 출간될 자격이 있는가 하는 의아함을 품은 작가도 있으며 저 또한 그렇습니다. 하지만 사람은 언어를 사용하기 시작한 이래 누구나 훌륭한 이야기꾼이라고 생각합니다. 그렇기에 우리 모두 시인이 될 수 있고 쓰는 사람이 될 수 있다고 믿었습니다. 새로운 사람들이 함께 하겠다고 할 때마다 조금씩 기대는 커졌고 모든 원고가 모였을 때는 기쁜 마음으로 글을 읽어내려갔습니다.
　자정을 넘긴 시간에도 자연스레 카페에 모여들어 두런두런 시에 대한 이야기를 가볍게 나누며 조금씩 글을 써나가던 시간이 있었습니다. 자신의 글을 싣기에 부담을 느껴 꺼리는 사람들에게는 부담을 덜어주었습니다. 그렇게 많은 사람이 모여 모두가 진심을 문자로 옮기려 노력한 결과물입니다.
　이 시집에는 여전히 글을 쓰고자 노력하는 사람, 한때 시가 모든 것이었던 사람, 시 같은 것은 아무래도 좋았던 사람 모두가 글을 모아 주었습니다. 그만큼 시작에 부담을 느낀 사람도 있었고

좀처럼 마음에 드는 글이 나오지 않아 부담을 느낀 사람들도 있을 것입니다. 그렇게 스스로를 내보일 수 있는 좋은 문장을 만들어왔습니다. 글과 멀어진 사람들에게는 다시 창작의 발걸음을 내디딜 수 있는, 시가 낯선 이들에게는 친숙해지는 한 걸음을 시작할 수 있는 기회가 되길 바라며 책을 만들었습니다.

대단치 않은 글들을 읽어주실 독자 여러분들에게 감사드립니다. 사실 글을 쓴 우리에게는 나름대로 대단한 일이었거든요. 이렇게 많은 시 중에서 읽는 여러분들의 마음을 움직일 수 있는 글 하나쯤 있으면 더 이상 기쁠 일이 없을 것 같습니다.

그럼 내년 이맘에도 다른 작가들의 시를 모아 다시 책을 만들 수 있길 바라며, 29인의 저자들을 대표하여 이 글을 씁니다.

2018년 1월
김미체

2018 신춘문예과 무관한 시집 차례

김선태

테오가 테오에게 · 12 / 바스티유 비밀 서고에도 김장독이 끓는다 · 13 / 호접몽의 수신료는 전기세처럼 빠져나간다 · 15 / 가난한 자에게는 틀니도 없다 · 17 / 사랑 1, 2, 3은 복제되었다 · 18 / 2000년, 다리가 눈동자의 뇌가 되었다 · 199

이유빈

장보기 · 24 / 15-25 · 25 / 이사의 마음가짐 · 27 / 자괴감 들고 괴로워 · 28 / 한 끗 · 29 / 희망사항 · 300

박성규

- · 42 / -- · 43 / --- · 44 / ---- · 45 / ----- · 46 / ------ · 47

조호산나

너가 내린다 · 50 / 해질녘 · 51 / 스키터증후군 · 52 / 모서리 · 53 / 회고 · 54 / 빛을 보라 · 55

김윤태

고통 · 58 / 인생은 돈이다 · 59 / 작은 나 · 62 / 지금의 나 · 63 / 눈을 감다 · 64 / 기억과 추억사이 · 65

박근태

번지다 · 68 / 쿠키영상 · 69 / 마치 이제 시작한 것처럼 · 70 / 날 좀 죽여줘 · 71 / 미끼 · 72 / 쓰다 · 73

희키

엘레지 우멍거지 · 76 / 불효자 · 77 / 꼰대 · 78 / 걸인의 신앙 · 79 / 우산 없음 · 80 / 전철에서 · 81

맛살

힙스터 · 84 / 호빵 · 85 / 공룡박사 · 87 / 롱패딩 · 89 / 포스트록 음악 만드는 법 · 90 / 청둥오리 특급열차 · 91

바리

짐 · 96 / 외로움 · 97 / 에스프레소 · 98 / 쉬다 · 99 / 소주 · 100 / 회색 · 102

김용건

B군 · 106 / 그러면 안 됐다 · 107 / 살 · 108 / 첫 키스 · 109 / 오래된 ID · 110 / 짐 · 111

조연호

외인 · 114 / ㄱㄴㄷㄹㅁㅂㅅ · 115 / 청춘예찬 · 116 / 지지리 궁상 · 117 / 나사 · 118 / 콤플렉스 · 122

김현체

숫자 · 126 / 배틀그라운드 · 127 / 후진 · 128 / 아쉬움 · 129 / 여름 · 130 / 록스타 · 131

2018 신춘문예과 무관한 시집 차례

배우리
시간 · 134 / 끈 · 135 / 퇴근길 · 136 / 나태함 · 137 / 스마트폰 · 138 / 토양 · 139

박수민
0 · 142 / 라떼도 우연 · 143 / 착의 · 144 / 대니 · 145 / 안 올 것 · 146 / 똑딱이 가발 · 147

김미체
세계 코뿔소의 날 · 150 / 기호의 사막 · 152 / 비어있음 · 154 / 귀두에 다마를 박으라고 · 156 / 안녕 · 157 / 고양이는 고양이 · 158

한지임
밥 · 162 / 마침표 · 163 / 구멍 · 164 / 어른 · 165 / 목욕 · 166 / 양 · 167

김형석
마침 마중 나온 사람 · 170 / 비 오는 날 무월광의 밤에는 · 172 / 나태 · 174 / 사람들은 춤을 추고 · 175 / 당신을 기록합니다 · 176 / 대학시절 · 178

성종인
친구 새끼들 · 182 / 아침 · 183 / 배달어플 · 184 / 여친 · 185 / 매혹적인 독약 그녀 · 186 / 가족 · 187

유진호

우버택시 · 190 / 간장으로 복원한 집 · 191 / 합계 115 · 192 / 이 시를 무단복제 하는 경우 헤이 디제이 김미어 팻 비트 · 193 / 회전회오리 · 194 / 시에 대한 단상 · 195

이상학

암살구체 · 200 / 작은 물방울 · 202 / 꽃 · 204 / 마지막 · 206 / 배움의 시기 · 207 / 늙은 조랑말 · 208

임윤정

화합물 · 212 / 제한적 복종 : 불가지론적 사랑의 시 · 213 / 개미핥기 · 214 / 과거현재그리고여기 · 215 / 서글픈 겨울의 헤비 스모커 · 216 / 상쇄의 에어톤 · 217

홍종훈

마치 개와 같은 사람 · 222 / 예술이 밥은 먹여주더냐? · 224 / 사람들이 죽어 나가네 · 226 / 행복한 세상 · 227 / 돈 버는 기계 · 229 / 아저씨 · 230

김태환

슈퍼 마리오 · 234 / 스페이스 인 홈플러스 · 235 / 제4차 산업혁명 · 238 / 지렁이의 꿈틀 · 241 / 행군의 아침 · 243 / 행복한 나날들 · 245

2018 신춘문예과 무관한 시집 차례

김상철

로바나 엔쥴로스 · 250 / 수학 · 253 / 제발 그 말만은 · 254 / 몬스터 콜스 · 255 / 벡사시옹 · 256 / 딸피 · 257

김혜인

나비의 자리 · 262 / 부서진 조각들 · 263 / 심해 · 265 / 오래된 책 · 266 / 제비꽃 소리 · 267

김영준

공허의 출산 · 270 / 재생 · 273 / 반사된 경계 · 274 / 비눈물 · 276 / 낙오된 과거 · 278 / 나는 생각한다 · 280

이정민

노예가 야근할 때 #1 · 284 / 노예가 야근할 때 #2 · 285 / 노예가 야근할 때 #3 · 286 / 노예가 야근할 때 #4 · 288 / 노예가 야근할 때 #5 · 290 / 노예가 야근할 때 #5 · 291

양석훈

바퀴 · 296 / 826825418025 · 298 / 욕심내고 미워하는 원시인 · 300 / 불면의 밤 · 302 / 백지의 미궁 · 304 / 피가 담긴 컵 속에 살인마가 있다 · 305

김선태

가끔 정상이라고 생각합니다. 말수가 줄고 먼 산을 보고 있다면 깨달은 겁니다. 불편해! 내가 왜 이런 말을 하고 있는지 깨달을 때마다 하품과 함께 저절로 눈물이 나옵니다. 가끔은 "습작생입니다." 라고 자기소개를 한적은 있지만, 그만한 순수함도 사랑도 잊고 그런 표현을 쓴 것에 대한 부끄러움에 애가 탑니다. 누군가 제게 "감격에 젖어 쓴 글을 찢으라 눈물을 흘리게 만드는 책을 읽지 마라." 라고 했던 게 떠오릅니다. 네! 동의합니다. 저도 그렇게 살고 싶지는 않습니다. 하지만!

테오가 테오에게

미미인형을 껴안은 너와 스무고개를 했어 너의 추측은 들어맞았고 아니더라도 설득되었지 내가 그린 그림은 네가 그린 그림이었고 너와 난 같은 공장과 같은 철창 속에 보내졌지 수업시간에 졸았더니 바퀴가 달린 침대에 강제로 들어 뉘었고 깨어나자 미용실 누나가 머리를 감겨줬어 꿈을 꾸는 동안 미미의 감춰진 잇몸과 치마 속을 상상했고 질레트로 죄책감을 깎았지만 너의 음모는 계속해서 자라났어 덩굴처럼 입과 혀를 묶었고 푸른 이파리 같은 미소로 감정을 감추더니 28개의 치아는 톱니처럼 맞물리며 위증을 했어 배심원들은 북유럽 가구처럼 심플했고 마호가니 무늬를 위조하고도 죄책감이 없는 표정이었어 테오야 어릴 때처럼 마음을 놓고 누군가를 믿을 방법은 독을 탄 술을 들이키는 법뿐이야 테오야 그리운 건 말이지 붓을 제대로 빨지 않아 푸른 하늘을 멋지게 칠해 명작으로 당선되면 재능이 되는 거야. 그리운 건 평론가도 없고 모두가 부자처럼 신용카드보다 무거운 저금통을 들고 부자가 되고 산성비에 샤워도 얼룩을 털어내며 악당의 몰골을 비웃다가 병정놀이가 끝나면 얼음땡하며 모두가 영웅에서 친구가 되는 거룩한, 병정놀이야

바스티유 비밀 서고에도 김장독이 끓는다

낡은 라디에이터가 뜨거운 바람을 뿜고
바스티유 도서관은 아기처럼 잠든다

늙은 사서가 들어봤던
자장가와 꾸지람
김장에 보쌈 한입
보리차 한잔의 해갈
다시 김장독에 파묻은 손

바코드 스캐너 소리에 깨어나
꿀밤을 맞은 듯 침울한 노동
바코드를 찍으면서도 듣지 못하는 이야기의 고문

다시 시작하는 1, 2, 3

0부터 9까지 오배열된 나무 서가들
숲을 잃은 슬픈 이리의 눈빛이 서가에 꽂힌다

블랙홀 같은 동공에 침잠하며 이끌려간 지하 서고
다시 만난 눈빛의 환대

김장독의 정겨움도 불온함이 되는 세계.
정숙, 오피스룩, 테일러주의
미래의 옷을 입은 교도관들의 팽팽한 긴장 상태.

수인들의 귓속말이 들린다
반역의 모의가 다시 들끓는다

호접몽의 수신료는 전기세처럼 빠져나간다

열대야에 냉장고 문을 열어두었다
다음 날 널어둔 속옷이 얼었다

계절은 바뀌었고 놀란 철새들의 딸꾹질.
도로를 달리던 차들의 문이 열리는 소리.

도로 위 선인장은 무더위 속에도 얼어갔다
도로 위에 선 사람들도 얼어갔다

꿈 속의 철새가 선인장 가시에 앉자
딸꾹질은 잦아들었고 꿈의 연출은 N.G

속옷은 물에 젖었고
이불을 박차자 수면 위에 동동

떠오른다
그녀의 머리카락, 그녀의 욕조를 추억하며
냉장고가 갑자기 울어댄다

다시 맞은 다음날

출근길에 본 누군가는
언젠가 본 '무엇'이었고

가난한 자에게는 틀니도 없다

입을 벌려보세요 따뜻한 숭늉에 알타리 한 입
따뜻한 바람집에 누워 호강 아닌 요강에 걸려 넘어지고
향유고래 똥보다 못한 뜨뜻한 열기가 혐오를 깨웠던 날

하얀 니가 눈이 되어 내리는 날에는
부디, 설원에서 찾을 수 있는 가장 날카로운 된소리로
그들의 귀를 깨물고
유식한 모국어로 말하기를

비스마르크를 꾸짖던 랭보의 오줌발처럼
같은 계급의 사람을
열등 처우로 꾸짖는 복지국가의 위선자를
당신의 틀니가
비난할 수 있다면

사랑 1, 2, 3은 복제되었다

당신은 말더듬이로 설계된 리플리컨트
당신의 공인인증서로 그녀와 찍은 사진을 소환할 수 없다
당신의 시냅스는 중복오류투성이다
ID〈이름 없는 여자〉가 다른 리플리컨트와 플레이한다
당신은 동영상을 보며 자위한다
당신의 배역은 행인 1, 2, 3
당신의 기억은 폐쇄된 사이트에 있다
추억과 갖고 싶은 추억이 CM송과 함께 재생된다
크래딧에는 이름없는 여자 1, 2, 3이 지나간다
이름없는 여자는 당신을 기억하지 못한다

2000년, 다리가 눈동자의 뇌가 되었다

사람들은 모든 것을 보고 들었지만
창녀를 사랑할 정도로 한가하지 않았다

모든 것이 막장이었고
영화관의 어둠과 친하였다

영화관은 한강처럼
다리들로 넘쳐났고
다리들도 저 멀리서 걸어왔다

그들은 만나고 헤어졌다
뇌를 잃고 때론 혼자였다

다리들은 서로를 보고 무언가를 핥았지만
교통交通을 느낄 만큼 한가하지 않았다

창구에 벌써 매진이란 팻말이 내걸렸고
많은 이들이 창구로 달려갔다

발밑으로 단추가 떨어졌고

다리가 떨어진 눈을 줍기 위해 무릎을 굽혔다

영혼이 주검이 된 자신을 올려다보고 있었다

참여소감

　　현기증을 느낀 오타쿠는 라면을 끓입니다. 사회의 위선을 꿰뚫는 누군가는 신곡을 쓰고 누군가는 세계와의 불화를 예술적 죽음으로 표현합니다. 전 단지 말을 어지럽힘으로써 아무 말 대잔치를 실행하며 대부분의 말을 얼마나 쓸데없는지를 보여줄 뿐입니다. 제가 어지럼을 느꼈을 때 시집을 낼 수 있다는 말을 듣고 즐거운 기회라 여겨 참여하게 되었습니다.

이유빈

1993년생
제대로 하는 일 없음
꿈은 운전면허 따자마자 휴게소로 가서 통감자 사 먹기

장보기

어정거리는 걸음으로 장터를 휘 둘러보니
삼치는 눈알이 흐리멍텅하고
시금치는 이파리가 누덕거린다.
열기를 뿜어내며 소쿠리에서 우두두 쏟아지는
꿀떡 앞에는 줄이 한참 길게 늘어서 있는 데다가
목삼겹도 꼬막도 표고도 오징어도
분명 마음에 차지 않을 이유가 하나씩 있어서
집으로 돌아가는 길에는 웅덩이가 많다.

15-25

가족은 화목한지 물었다
아니.

친구를 많이 사귀었냐 물었다
아니.

돈 걱정을 하지 않아도 되느냐 물었다
아니.

자랑스러운 딸이, 누나가 되었는지 물었다
아니.

사랑하는 사람과 행복하게 지내느냐 물었다
아니.

무언가 성취해낸 것은 있는지 물었다
아니.

지금보다 더 불행해지는 거냐 물었다
아니.

아니야.

이사의 마음가짐

그곳은 정말 낯설테니
가장 높은 건물에 올라가
눈에 한껏 힘을 주고 샅샅이 훑어도
나를 감상적으로 만들 흔적 하나 찾아낼 수 없을 것이다.

어쩌면 아직 너저분한 방의 책장과 벽 사이에
서랍장 깊은 곳에 마일리지 카드들 안쪽에
편지봉투 속 눌러쓴 연필자욱 위에서 숨죽여 함께 떠나기를 기다릴지 모르겠다만
너희를 뭉뚱그려 좋았던 시절이라고 받아들이기엔 마음이 일러서
작은 상자에 욱여넣고는 이 곳에 유기할 참이다.

자괴감 들고 괴로워

힐끔 훔쳐보니 주변이 온통 반질거려서
허둥거리며 여기저기서 주워 담은 낱말들을 꿰매보았지만
기워낸 자국이 사방에 남아 볼품없음은 물론이고
무엇을 만들고자 했던 것인지도 이젠 알 수가 없네

한 끗

다정하게 귀를 기울여줘
순순히 계획에 따라주었고
진지하게 미래를 생각하며
소소한 것에도 마냥 수줍어하니
마음이 향할 수밖에

답답하게 입을 열지 않아
좀처럼 앞장서는 법이 없고
가볍게 현재를 즐길줄 모르는데다
사소한 일에도 언제까지고 서투르니
마음이 떠날 수밖에

희망사항

다독거려주길 원한 적은 없으니
어느 두부집 벽에 붙어있을 '대두의 효능'처럼
시선이 스치되 머무르지 않는
딱 그 정도만큼만 무관심해주길.

참여소감

 뭐 하나 제대로 기록되는 것 없이 20대가 흘러가고 있다는 초조함과 연말 특유의 위기감을 이기지 못하고, 시에 대해 쥐뿔도 모르는 주제에 자진해서 인생의 흑역사를 또 하나 남기게 되었습니다.
 부디 많은 분들에게 이 책의 존재가 외면당하길 간절히 바랍니다.

박주원

28살 청년입니다.

추억은 아름답다

각박해진 세상 속에 나는 오늘 지나간 추억 하나 생각에 잠긴다
시간을 되돌릴 수만 있다면
나는 지나간 추억에 매달려 살아가지 아니할 텐데
지나간 추억은 아름답다
생각 한번 하는 것으로
기억에서 지우고
새 출발을 위하여 한걸음 전진해가자

나를봐요

나를 봐요 말해봐요
웃픈 모습을 하고 있는 나에게 살포시 다가와
그대 즐거운 일 슬픈 일 함께 공유하며
나를 봐요 내 품에 안겨줘요

삼총사와 나 사이

2015년 3월 어느 날
근무하던 편의점 앞 카페꼼지 사장님을 통해서 세 명의 또래
남자아이들과 친밀하게 지내게 되었다
처음 알게 된 아이는 법학을 전공하며 '솔의 눈' 음료수를
즐겨 마시었던 첫인상이 냉철하게 느껴졌던 아이였다
두 번째로 알게 된 아이는 세종대학교를 다니면서 동네 사람들에
게 인사 깍듯이 잘하기로 평판이 난,
열심히 사는 모습이 느껴졌던 아이였다
세 번째로 알게 된 아이는 처음엔 잘 몰랐지만 내가 2년 정도
공부하다 휴학한 대학교에서 연기 공부를 하던 동갑내기였다
카페꼼지 사장님 통해서 알게 되었던 세명의 또래 남자 아이들과
지금은 연락을 하고 있지 않다
친해지는 것도 멀어지는 것도 한순간이다
뼈저리게 느껴지는 일상
세 명의 또래 아이와 나는
열심히 사는 밝고 유쾌하고 의젓한 삼총사로 생각하며 오래오래
잘 지내고 싶었는데 나의 희망사항이 각기 다른 이유들로 멀어지
고, 난 지금 한번 금이 가게 되면 다시 이어지기 힘들다는 교훈을
가슴에 새기게 되었다
다시 이런 기회가 온다면 실수를 반복하지 말아야겠다…

네 가지 색깔 현우

스무살 된지 어느덧 7년
올해로 편의점 일 7년 차
그동안 일해온 곳에서마다 나는 현우라는 이름을 가진
네 명의 현우를 접하게 되었다
첫 번째 현우는 덩치가 크고 장난기가 심한 아이였고
두 번째는 솔의 눈 음료수 즐겨마시는
냉철한 이미지를 가지고 있었고
세 번째 현우는 갓 스무 살이 되어
밤일을 열심히 하며 사는 아이였고
네 번째 현우는 산전수전 공중전을 다 경험한
인생 베테랑으로 느껴지는 사람이었다
이름은 같아도 각기 다른 네 가지 색깔을 가지고 있는 현우
내가 경험한 현우들 모습은 멋있게 느껴졌다

우산

비 올 때는 우산을 활짝 피고 다닌다
비 안 올 때는 더운 여름낮에 양산을 활짝 피고 다닌다
눈 올 때도 우산을 활짝 피고 다닌다
눈 오고 그치면 우산을 받침대 삼아 빙판길 미끄러지지 않게
조심히 조심히
눈비 섞여 올 때도 우산을 활짝 피고 다닌다
눈비 섞여 오던 게 그치고 해가 쨍쨍해지면 우산은 접어두고
양산을 활짝 펼친다
파닥파닥 외출 전 하늘을 보고
비 올 거 같다 싶어 우산을 가지고 외출하면 비가 안 오구
비 안 올 거 같아서 우산을 안 가지고 나서면
천둥번개 동반하여 비가 우르르 쏟아지는 일상을 보내고 있다
난

짝사랑

설레는 마음
나 너 좋아하나 봐 생각 드는 마음
상대방은 나를 사랑하는 게 아니지만
나는 상대방이 사랑하고 있다 착각을 하며
귀에 콩깍지 쓰여
이것저것 다해주고 얻는 것 하나 없이
모든 거 잃게 될 수 있는 위험한 짝사랑

참여소감

좋은 기회 가지게 되어 감사합니다.

박성규

1997.02.26. 서울 출생
E-mail : psk9702@hanmail.net
Instagram: ml_sk_park

슬며시 빠져나간
두근거리는 설렘에

주체 못해
살며시 미소 짓게 만드는

신비롭고 낯설지 않은
기분 좋은
좋은 느낌.

--

함께여서 좋다는 말
함께여서 행복하단 말

그대이기에 가능한 말

하루가 힘들고 지쳐
지친 어깨를 늘어트리고
한 걸음 놓을 때

당신이 보고 싶었다.

그대를 생각하며 웃고
그대를 더 궁금해하며

설레는 것에 마음 졸이며
만남을 기대하고

그대의 반짝임에 이끌려
조그마한 속삭임으로
반짝이는 별빛 속에서
춤을 추겠지.

사랑이 가득한 밤이다
그대와 함께여서
따뜻한 밤이다.

유난히도 추운 겨울
그대와 함께여서
따뜻한 겨울이다.

별거 아니라 생각했던 것들
사실 그렇지 않고

생각지도 못한 인연은
필연으로

우연이라 했던 것은
이기적 바람이었다.

상상만 했던 일들은
실현되어 나타났고

다짐하고 단념했던 것들은
너무나도 쉽게 무너져 버렸다.

그렇게
별거 아니라 생각했던 것들은
사실, 그렇지 않았다.

참여소감

문득, 떠오르는 감정 생각나는 말 끄적임을 노트에 적기 시작하였다.

시간 지나보니, 나의 끄적임은 잊고 있었던 나의 수많은 감정들 속 진솔함과 내 자신이 담겨있다는 걸 깨닫고 무심히 흩날려 보내기 싫어 노트에 눌러 담았다.

작가, 시인들처럼 멋들어진 표현을 구사하기엔 턱없이 부족하지만 나만의 방식으로 담았다.

부족한 글을 책에 올릴 수 있는 기회를 주신 '카페꼼지' 사장 형석이형과 출판사 미체 형님께 감사드립니다.

조호산나

1990년 11월 25일 서울 출생

csuh-_-1125@hanmail.net

너가 내린다

소나기를 피하려고 나무 밑에 들어왔는데,
비가 그친 지금은
나에게만 비가 내린다.

너를 떠나지 못하는 나는,
여전히
너란 비이슬에 젖어든다.

지금도 내게는
너가 내린다.

해질녘

그대에게 내가 닿을 수 없어도
뜨고 또 짐은
내가 그대에게 오늘을 선물함입니다.

그대에게 내가 보이지 않아도
세상을 밝힘은
내가 그대에게 시간을 선물함입니다.

이제 지려 합니다.
나를 가리고 있던 구름을 붉게 물들임은
오늘도 여전히 이 자리에 있었다
그대를 향한 내 마음을 하늘 가득 덮은 것입니다.

굳이 보려 하지 않으셔도 됩니다.
굳이 느끼려 하지 않으셔도 됩니다.
그대가 세상에 있는 동안
나는 그대 위로 떴다가,
그대 뒤로 질 것입니다.

스키터증후군

한여름 그날 밤, 우리는 함께였다.
선선한 바람. 비릿한 물 냄새. 불그스름한 조명.
네가 나에게 한 자국 한 자국 남기는 줄도 모르고
발을 동동 구르며 설레었더랬다.

붉게 부어오른 자국들을 긁어본다.
만질수록 딱딱해지는 너의 흔적이 야속하지만,
굳이 약은 바르지 않는다.
그날의 너를 그리워하고 싶어서.

시간이 지나면,
언제 있었냐는 듯이 사라지겠지.
그렇게 내 안으로 스며들겠지.
그렇게 너도 스며드는 날이 오겠지.

모서리

접었다, 폈다.
접었다, 폈다.

오른쪽 밑의 모서리를 접었다, 폈다.
그대를 향한 내 마음도 접었다, 폈다.

조금 구겨지면 어때요.
뻣뻣하지 않으면 어때요.
조금 부드러워진 내 마음이
그대 손을 베이지 않게 해줄텐데요.

그대가 접은 그 모양 그대로.
그 자국 그대로 남아있을 거에요.
그러니
제일 먼저 펼쳐주세요.
그대와 나의 첫 페이지.

회고

나 불타지 않으면
이 몸 하나 보존하겠으나
긴 밤은 여전히 어두우니
나의 의미는 과연 빛나고 있는가.

나 녹지 않으면
이 견고함 하나 유지하겠으나
저 언 손은 여전히 둔탁하니
나의 의미는 과연 불붙고 있는가.

나의 생명으로 한 생명을 비추리니
그는 나로 살아가고
나는 그로 사랑할 순간을 만난 것이라.

빛을 보라

밤의 끝.
새벽이 한 칸 한 칸 어둠을 밀어내고
귀 쫑긋 세워 내 마음 마음껏 펼쳐낸다.

나는 밤하늘 가득 매운 어둠보다
그 칠흑 같은 장막을 뚫고 소리치는
한 줄기 청별빛을 위대하게 생각하며
이 시절을 걸음해왔기에, 이 아침이 눈부시다.

때론 생명의 싹이
거대한 가뭄을 무시하고,
푸르른 나무 한 그루가
우렁찬 장대비에 코웃음친다.

어둠을 깨부수고 쏟아질
빛나는 빛의 향연들.
향유할 영혼의 마음들이 있다.

그대,
지금 어둠에 묻혀있지 말고
다가올 빛을 보라.

참여소감

'소감'이란 거창한 단어를 붙이니 어떤 말을 적어야 할지 고민이 되네요. 사실 친구들 사이에서는 감성충, 글쟁이, 관종 등의 소리를 듣는 편이라 이렇게 많은 분들과 글로 하나 될 수 있어서 행복합니다.

대단한 글도 아닌데 읽어주셔서 감사한 마음이구요. 글은 하나의 표현방식일 뿐, 여러분도 모두 마음속 한 문단씩은 가지고 계시잖아요.

오늘 하루, 당신의 소중한 사람에게 따뜻함을 나눠보시는 건 어떠세요? 당신의 온기만으로 한 사람은 행복해질 수 있으니까요.

김윤태

1987. 03. 29

고통

누군가를 기다리는 것은 고통스럽습니다.
그 사람을 잊는 것 또한 고통스럽습니다.
하지만 둘 중 어느 쪽을 선택해야 할지
모르는 것이야말로 가장 고통스러운 일입니다.

인생은 돈이다

예전에 친구들끼리 일본에 간 적이 있다.
그때 예약자를 많이 받아서
우리들이 상위 좌석으로 업그레이드되어
넓게 편안히 갔다.
그때는 막연히 나중에 돈 많이 벌어서
이런 자리 이상만 타고 다녀야지 생각했다.
그리고 시간이 지나서
오늘에서야 사람들이 왜 항상
"돈", "돈" 하는지 뼈저리게 느꼈다.
가슴 아픈 상처를 입으면서 깨달았다.
어려운 일 힘든 일이 있을 때
사람까지 움직이게 하는 게 돈이다…
돈보다는 추억이 소중하다고들 말한다.
나 또한 동의한다.
함께 있는 시간 감정 행복
보고 듣고 느끼고 기억하는
소중한 추억이 어찌
종이 쪼가리에 비교될 수 있는가…
하지만 그 돈이 부족하다면
추억을 만들 기회를 잃는다.

추억이 사치라고 느껴지게 만든다.
돈이 있어도 시간이 없다고들 만한다.
시간은 만드는 거다
쪼개는 거다…
잠을 줄이는 거다…
정말 하고자 하는 의지가 있다면
많이 만들 순 없을지라도
반드시 만들어지기 마련이다.
이제 앞만 본다.
반드시 돈 번다.
이미 늦었다 할지라도…
무슨 수를 써서라도…
하고 싶은 일
가고 싶은 곳
만나고 싶은 사람
함께하고 싶은 이와 함께하려면
반드시 돈이 있어야 한다.
인생의 최종 목표가 돈은 아니지만
지금 세상에서 인생은 돈이다.
사람을 움직이는

마음을 움직이는
힘이 있는 것이 돈이라는 새끼다.
오늘도 난 돈을 번다.

작은 나

그 사람 앞에 서면
나는 아무것도 아닌 느낌이다.

어두운 밤 하늘에서 밝게 빛나는 별과
대낮의 햇살이 비치는 방안의 야광별

같은 별이지만…
마치…

조명이 환하게 켜진 방
천장에 붙어있는
야광별이 되어버린 기분

나는 아무것도 아닌 느낌이다.

지금의 나

지금의 한숨이
지금의 눈물이
지금의 걱정이
지금의 노력이
지금의 경험이
지금의 시간이
지금의 인맥이

앞으로의 나를,
더 강한 사람으로 만들 거라 믿는다.

강함이란 상대적 가치관이기에
아무리 강해지고 강해져도 난…
항상 강함에 목마르겠지

눈을 감다

왜, 두 눈이 세상을 보는 시간은 항상 힘든 건지…

눈을 뜨고 일어나
출근을 하고
일을 하고
회의를 하고
야근을 하고
퇴근을 하고

지친 몸을 이끌고 돌아온 집에서
눈을 감고 쓰러져야만 조금이나마 편안한 숨을 쉴 수 있다.

그렇게 난 오늘도 눈을 감는다.

기억과 추억사이

기억의 편린 속에서 찾은 한 조각의 기억.

무엇이 진실이고 무엇이 거짓인가

믿고 싶은 대로 믿어야 하는 것인가

믿고 싶은 것만 믿어야 하는 것인가

진실과 거짓 사이에서 외줄타기 하듯

수면 위로 떠오른 추억 속 오늘도 이렇게 비가 왔다.

참여소감

'시'라는 큰 벽 앞 부족함과 부끄러움 사이에서 작은 용기가 피어납니다.

박근태

1987년 의정부 출생
컬러리스트기사 자격증 필기 탈락
유통관리사 자격증 필기 탈락
속기사 3급 준비 중
성수동 소재 회사 근무 중

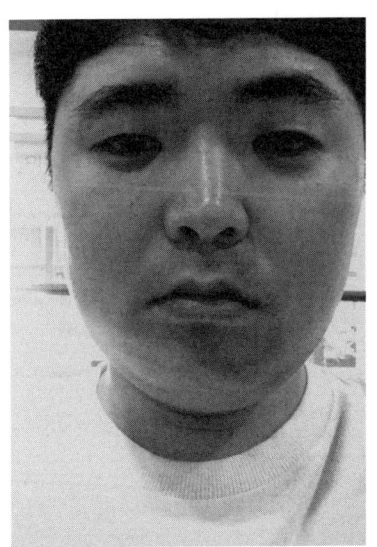

번지다

세상을 흐트려 놨구나
맑디 맑은 물에 물감이 톡 떨어져 번지듯이

점점 물들어가고 있구나
톡 떨어진 무언가로 맑디 맑은 세상이

세상은 너로 물들어 가지만
세상은 나로 번지지 않네

쿠키영상

세상이라는 극장에
인생이라는 영화가

나라는 주인공으로
여전히 상영중이네

마치 이제 시작한 것처럼

나에게 가장 떨리고 설레던 순간은 언제일까?

해외여행 가려고 인천공항에 갈 때?
공항 면세점에 들어갔을 때?
친구들과 캠핑 가는 날 아침 마트에서 장 볼 때?
여행 가기 전날 짐을 쌀 때?
여행 전날 안오는 잠 억지로 청하면서 잘 때?

내가 늘 떨리고 설레던 순간은
여행을 준비하고 시작할 때였다

끝이 아쉽고 미련이 남아
일상으로 돌아가기가 힘든 줄도 모르고…

그래도 난 항상 떨리고 설레고 싶다
마치 이제 시작한 것처럼

날 좀 죽여줘

날 좀 죽여줘 더 이상 힘들지 않게
두려워하지 말고, 망설이지 말고

더 이상 힘들지 않게
망설이지 말고, 두려워하지 말고
날 좀 살려줘…

오늘 같은 내일이 내게는 존재하지 않도록
내가 살 수 있게
날 좀 살려줘

미끼

아이가 물었다
넌 더 어른이 되어야 한단다

어른이 물었다
당신에게는 희생이 필요합니다

어른에게는 희생이 필요하다
아무것도 모른 채 미끼를 물은 물고기처럼

쓰다

나에게 썼다

밤낮없이 피와 땀을 흘렸지만
원해서 원하지 않아서 쓴다

그대에게 썼다

아직 만나지 못한 그대이지만
곧 만나게 될 그대이기에 쓴다

나에겐 한순간의 쾌락을 얻기 위해 썼고
그대에겐 영원히 간직할 여운을 주기 위해 썼다

참여소감

회사는 가기 싫고 일하기는 더 싫은 인생,
그렇다고 그만둘 수는 없는 인생,
이번 생은 망했구나 싶은 인생,
부정하고 싶은 내 인생을 한 발자국 정도는 전환시킬 수 있지
않을까 하는 마음에 시를 써보았습니다

희키

2016 네이버 파괘왕 공모전 탈락
2016 디시인사이드 최단기 힛갤곤볼 달성
2016 카툰 연재 갤러리 파괘왕 공모전 주최
2016 카툰 연재 갤러리 파괘왕 공모전 탈락
2017 탑툰 희키툰 연재중
2018 탑툰 희키툰 연재중단

엘레지 우멍거지

생동생동한 개밥바라기의 쪽빛 윤슬이
사금파리에 비춰 성엣장처럼 사라져갈 때

내 빗장뼈는 서벅돌마냥 시나브로
내 샘창자는 도래샘마냥 시나브로

손맑은 것이 이리도 섭겁게 한다.

불효자

엄마가 섬그늘에
굴따러 가면

나는 혼자 남아
집을 보더라

꼰대

태양은 항상 빨간색 크레파스를
바다는 항상 파란색 크레파스를
들판은 항상 초록색 크레파스를

무지개라도 그려보는 날에는
빨주노초파남보의 일곱색만을

그러니 이 어린 꼰대가
어찌 오십여 개의 크레파스를
다 담아 볼 수 있었을까

그것을 모두 담기엔
세상이 너무 획일적이었던 것을

올리브 그린이니
울트라 마린이니

옆자리 동수나 지현이도
그딴 색 안 쓰고 잘만 그리더라

걸인의 신앙

제단 안

돈 모으기 위해
두 손 모으기

제단 밖

돈 모으기 위해
두 손 모으기

우산 없음

매번 받기만 하는 게 미안하여
너를 향해 침을 뱉었다.

네가 안받아 줘서 그런지
다들 나보고 병신이란다.

전철에서

내 앞쪽

여학생의 머리칼은
다 마르지 않은 채
물기가 가득하다.

내 눈가는 이미
엷은 선홍빛이 된 채
물기가 가득하다.

잡음 속

건조하기 짝이 없는데
물마를 틈조차 없다.

참여소감

좋은 책.
숟가락 얹게 되어 기분이 좋습니다.

맜살

털달린 포유동물을 좋아하고
동물그림 그리는 걸 좋아하는 맜살입니다

힙스터

옷을 특이하게 입고
행동거지를 특이하게 하면 힙스터가 되는 걸까

만약 그런 게 힙스터라고 한다면
나는 힙스터가 되는 게 싫어

엄마가 시장에서 사다 주시는 옷 잘 입고
평범하게 예의 바른 행동하는 착한 아이 될래

엄마 아빠 사랑해요 전 햄스터가 더 좋아요

호빵

호빵 너무 좋다 나는
김이 모락모락 나는

야채호빵 불닭호빵
우유호빵 초코호빵
호호 단팥호빵이 최고야

만약 지구가 단팥호빵이었으면
얼마나 좋았을까

맨틀이 빵이고
내핵은 팥인 거야

중공업 회사랑 손잡고
단팥 앙금을 채취해서

단팥 재벌이 되는거야
세계 최고의 단팥 재벌이 될거야

이 세계의 모든 단팥호빵
내가 다 먹을 거야

공룡박사

엄마 나 커서
나중에 공룡박사 될거야

티라노사우루스
브라키오사우르스
트리케라톱스

공룡 너무 멋져
세상에서 짱 멋져

시간은 흘러흘러
나 어른이 됐어

대학엔 못 가서
박사가 될 자격은 없지만
난 그래도 공룡박사가 될거야

내 유년시절을 지배한
공룡인형들과 함께

할아버지가 되어서도
공룡 그림책을 볼거야

언젠간 공룡의 비밀을
밝혀낼 거예요

언젠간 공룡박사가 될 거예요
기대해주세요

롱패딩

너도 나도 쟤도 모두 롱패딩을 입었네.
롱패딩 입으면 강도한테 칼빵맞어도 안전하네

롱패딩은 분명 멋진 물건이네
물론 난 한 번도 입어 보진 않았지만

많은 사람들이 입은걸 보면
분명 멋진 물건임이 분명하네

아 나도 갖고 싶다 롱패딩
평창롱패딩이 팽창했네

포스트록 음악 만드는 법

곡 길이를 엄청 길게 하고
한 오분 칠분 십분 이십분 늘리고

초반엔 잔잔하게 기타 몇번
똥땅똥땅 튕기고
드럼 둥닥둥닥 몇번 쳐주고

중반부에 가서 긴장감 조성하는
관악기 싸—운드 깔아주고

후반부엔 폭발하듯이
현악기 타악기 관악기
모두 합쳐 쿵쾅쿵쾅 강력하게 깔면

슈게이징 음악 탄생하는 거야
슈게이징 음악 정말 좋은 거야

청둥오리 특급열차

청둥오리 특급열차타고
어디든지 놀러 가요

우주 건너 외계인 친구들도 보고
외계 문명도 찾으러 떠나요

청둥오리 특급열차타고
어디든지 놀러 가요

별나라 달나라도 구경하고
무지개도 건널 수 있어요

차가 막힐 일도 없고
환경을 오염시키지도 않는

친환경 여행수단 청둥오리 특급열차
범우주 교통수단 청둥오리 특급열차

우주촌 친구들을 모두 만나
서로 싸우지 말고 화목하게 놀아 봐요!

참여소감

이번에 동시를 쓰고 싶었는데 어린아이의 입장에서 마음껏 풀어보았습니다. 간만에 초등학교 시절로 회귀한 기분입니다. 피카추돈까스와 컵떡볶이를 사 먹어야겠군요. ㅎㅎ

바리(BARI)

김현우
1991년 서울 출생
대진대학교 법학과 졸업
논문 「협박죄의 성립요건과 기수시기에 대한 고찰」
바리스타 자격증 소유.
전 엔제리너스커피 부매니저 근무
전 공차 매니저 근무
전 공차 부점장 근무
현 서울시 중구 소재 카페에서 근무중

짐

혼자서 모든 짐을 지려하지 마라
다들 똑같은 짐을 지고 살아가지는 않지만
누군가 그 짐을 덜어줄 수는 있다.
당신은 충분히 무거운 짐을 지고 있다.
이제 그 짐을 내려놓고 잠시 나무에 기대어 쉬는 게 어떤가?
뜨거운 태양 아래 그늘 되어주고
비바람 몰아치는 날 우산이 되어줄 수 있는 나무에
기대어 쉬어라
폭풍우가 몰어쳐도 꿈적도 하지 않게
단단하게 뿌리내려 버텨줄 테니
그대여 '나'라는 나무에 짐을 내려놓고 쉬어라

외로움

외롭다는 건 누군가를 좋아했거나 사랑했다는 것
또한 현재 누군가를 사랑한다는 것
외로움이 있어 누군가를 좋아하고 사랑할 수 있는 것이 아닐까?

외로움 블랙홀처럼 한없이 깊고 어둡게만 보이고
누군가의 사랑은 한없이 밝은 태양처럼 보인다
그러나 그 외로움이란 블랙홀에 빨려 들어 가지 말아라

잠깐만 뒤돌아 보라
당신을 사랑하고 좋아하는 태양 같은 사람도 있을 것이며
당신 때문에 살아가는 사람도 있을 것이다.

난 생각한다
내가 누군가의 태양이며
누군가는 나의 태양이며
그 누군가는 또 다른 누군가의 태양이라고

에스프레소

너를 처음 만난 날 넌 나에게 뜨겁게 다가왔고
두 번째 만나는 날 넌 나에게 씁쓸함을 남겨줬고
세 번째 만났을 때는 넌 나에게서 상큼함을 보았다

너는 언제나 내게 새로운 모습을 보여줬다
흰 눈처럼 새하얀 모자를 쓰기도 하고
솜털처럼 가벼운 옷을 입기도 하고
팔색조 같은 매력을 가진 너였다

나는 그런 너의 변하지 않는
금빛으로 빛나는 너의 눈동자가 더 좋았다
나는 어느 새 너에게 물들어 있었고
이제 너 없는 하루는 너무나도 공허하다

쉬다

잠깐만 쉬어가자 아주 잠깐만
근심 걱정 전부 잠시만 내려놓고
떨어진 후에도 쉬엄없이 흘러가는 빗물이 아닌
사뿐히 내려앉아 쉬어가는 흰 눈처럼

조금만 더 쉬다가자 아주 조금만
쉬엄 없이 흘러가는 빗물처럼
쌓였던 눈이 녹아 다시 흘러 가듯이

이제 달려보자 힘껏 달려보자
쉴 새 없이 흘러가는 계곡처럼
넓고 깊은 호수처럼 마음먹고

쉬었다가 가도 충분히 흘러가는 눈처럼
마냥 고여 있는 것만 같아도 흐르고 있는 호수처럼
쉬었다 가도 언젠간 푸르디푸른 바다에 도착하니깐

소주

오늘 하루도 고생한 그에게
위로의 한마디를 남긴다
고생했다, 수고했다 그냥 그런 당연한 말들
그냥 웃어넘길 수 있는 말들

그런 그에게 소주 한 잔을 건넨다
그는 말없이 나에게 한 잔을 건넨다
그저 그런 주전부리를 한점씩 먹으며
한 잔 한 잔 기울어진다

한 잔 한 잔 기울어질수록 내 몸도 기울어 지고
그의 몸도 점점 기울어진다
술한잔에 근심 걱정 모두 털어놓으며

그는 한없이 마신 술에 취하고
나도 한없이 마신 술에 취하고
웃으며 각자의 길로 걸어간다
내일이면 다시는 술 안 먹는다 후회하겠지

다음날 그에게 연락이 왔다

"오늘도 한잔 해야지?"
"콜."
 오늘도 고생했다는 핑계로 또 한잔을 마신다.

회색

흰 것도 아니고 검은 것도 아닌 것
이도 저도 아닌 애매모호한 것
뭐하나 뚜렷한 거 없는 것
좋은 말 하나도 못 듣는 것이 가엾게 느껴지네
사람들은 모르나 보다 너에게 숨겨있는 매력을
이미 타버린 회색빛 잿더미 속에서
뜨거운 불씨를 품고 있는 너의 매력을
그 뜨거운 불씨는 커다란 불꽃이 될 수 있는 것을
그 누가 뭐라 한들 신경 쓰지 말아라
너는 그 어떤 색보다 매력이 넘치는 색이 분명하다.

소감

일단은 "시 한번 써볼래?"라는 한마디에 쓰게 되었지만 재미있고 좋은 기회 주셔서 감사합니다.

내가 봐도 시 같지도 않고 이게 뭔 글인가 싶지만, 만약 이 시집을 구입해서 읽으면 좋은 냄비 받침이 되지 않을까 싶습니다. 그래도 한 번쯤은 읽어주고 받침으로 써주세요.

김용건

한 사람을 위해 한 사람 몸무게만큼 빼자!

B군

꿈은 크게
사회복지 CEO
다짐했지
나쁜 녀석 응징
미래의 나
무엇을 하고 있을까

닥친 꿈은
사회복무요원
이뤄냈지
친구 녀석 고소
현재의 나
바코드 찍고 있지

지금 꿈은
편의점 CEO
화해했지
다시 맺은 우정
과거의 나
참 멋있었지.

그러면 안 됐다

공부한다 말하고
방문 잠그고 게임했다.
그러면 안 됐다

다이어트한다 말하고
한밤중에 야식시켜 먹었다.
그러면 안 됐다

돈 꼭 갚겠노라 말하고
발가락 걸고 각서까지 썼다.
그러면 안 됐다

그러면 안 됐다
발가락아 미안해

살

십여 년 전 교복을 입고 다닐 때는 표준 몸무게였는데.
나이를 먹는 게 아니라 살을 먹고 있는 건 아닌지 모르겠다.
아무것도 모르는 우리 엄마는 살찐 오징어인 날 오해하고 있다.
얼굴은 잘생겼는데 살만 **빼면** 된다고 하시면 웃음이 난다.
이젠 나도 십 년 넘게 함께 해온 살들과 이별하고 싶다.
멋진 옷 입고 예쁜 여자 친구 만들기 전에 꼭 해야 될 것.
똑바로 일어서서 엄지발가락 보기.

참, 나 발가락 없지

첫 키스

첫 키스 상대 얼굴 똑똑히 기억하니?

목소리는?

인상착의는?

기억나지 않는 것도 있겠지만

첫 키스의 달콤한 맛은 기억날 거야

오래된 ID

흥미 떨어진 프로그램만큼 이나
기억 속에서 잊혀진 ID

희미한 기억의 파편 속, 떠올리려 애쓰기 전,
내 마우스 커서는 ID · 비밀번호 찾기에 가 있다.

잠들다 죽었다 깨어나도 잊어버리기 힘든 정보.
이름 석자와 주민등록번호 입력.

하지만, 나는 비밀번호를 찾지 못했다.
"우리 집 보물 1호는?"
대체 뭘까…?

짐

언제부터인가 마음속 한구석 자리한 짐
마치 자신과 떨어질 수 없는 그림자처럼
혹은 영원의 세월 동안 운명의 연인처럼
내겐 오래전부터 벗어나고 싶은 짐이 있다

죽음이 다가와 그때가 되면 알 수 있을까
이 짐이 힘들지만은 않았었다고 행복했었다고
내 가족이 아닌 내 지인이 아닌 내가 짐을 지어서
다행이라고 그땐 말할 수 있을 것 같다

참여소감

제 인생에서 시집을 내 볼 수 있다니 영광이었습니다.

조연호

ㅇㄹ:ㅈㅇㅎ

男<女/119/9쁜

매번 있는 일임에도 불구하고,
지금까지 꽤 해왔던 일임에도 불구하고,
자기소개는 아직 어렵습니다.
아직 사춘기라 멋들어지게 쓰고 싶은데
그렇다면 소개 아닌 소설이 돼버리겠지요!
저는 그저
"나에게 방향성이 있었으면 좋겠습니다.
그땐 밤잠을 설쳐도 괜찮을 것 같아요.
언젠가 바닷속에서 돌고래를 만나보고 싶습니다."
지금 이 순간은 세 줄 뿐인 사람입니다.

외인

아주 의외인 사람이 이것을 들여다 보고
아주 의외인 반응을 보이다가
아주 의외인 상황에서
의외로 이것을 떠올린다.
너는 내가 그 외인 것을
왜 알지 못하고
외부에서 오는 나의 외침소리를
왜 듣지 못하고
외로이 잠들었을까.

ㄱㄴㄷㄹㅁㅂㅅ

당신은 나를 ○○하게 될 것입니다.
"○○제까지 그렇게 살래"라고 묻지 마세요.
인생은 본○ ○까지 살아봐야 아는 것!
나의 답답한 대답에 머○○ 헝클어뜨리며 미간을 찌푸리는 모습 이해해요.
내가 ○○마음으로 그러지 않으리라 믿으니까요.
난 모든 것들을 가○○게 여기지 않아요.
당신도 모르는 추억들을 당○ ○자락에 스며놓았지요.

청춘예찬

폭파수가 달리다 넘어졌다.
그는 순간, 어쩔 수 없이 주어진 여유에 안도했지.
"이건 내 탓이 아니야"
본분을 잃고 그는 온 땅을 부비대며 뒹굴었다.
그런 어느 날, 깨진 유리조각에 비친 자신의 얼굴을 바라보고는
그는 금방 깨달았다.
"너는 이제 쓸모가 없다" −
날아든 돌멩이들보다도
뽑아들지 못한, 수류탄을 바라보는 자신의 시선이
더 가슴 아픈 그였다.

지지리 궁상

가끔 아니 다시금
이타와 이해가 정답이 아니라는 생각에
사랑에는 보답이 아닌 희생이란 생각에
몸을웅크리고일어날수가없다.
알면 고통인 것들을 가만히 껴안고 산다.
모른 척 깨닫고 아닌 척 알고
파애破愛라는 과녁에 활시위를 당기는 타인들에 둘러싸여
사랑하고 사랑하고 혼자 고독하게 사랑하는데
내가 사랑하는 너는, 결국 나와 같은 색으로 같은 극으로
가까워질수록 멀리 있다.
누굴 원망해야 하는 일일까.
값싼 나의 마음을 벌해야 한다면
이런 시간 없이, 내일도 없이 그저 눈감고 싶다.

나사螺絲

방 한 칸에 떨어진 하나의 나사. 나는 나의 존재를 그렇게 발견하였다.
갑작스럽게, 문득, 잊고 있었던 것의 자각. 나는 꿈에서 여러 차례 깨어남을 반복했다.

아주 조그만 두꺼운 벽 안의 공간 하나. 오로지 '나'만 존재하는 공간
그리고 그것은 연결되어 있다. — '나의 세계' 라는 공간, 으로

그 두 개의 공간을 구멍을 뚫어 여러 개의 나사로 연결해놓았다.
'나'에서 '나의 세계'로.

역할은 그렇게 주어졌다.

가장 끈끈히 조여져있는 나사는,
내가 세상에 눈떠 처음 맞이한 사람들과 세상에 눈떠 나를 처음
본 사람으로 이루어져 있었다.
그리고 여러 구멍들 사이로 나사가 생겨났으며, 때로는 나사를
잃어버려 그냥 구멍만 뻥 뚫린 상태로 방치되거나, 따뜻한 애칭
의 나사를 발견하거나, 여러 나사들이 합쳐 견고하게 이어져있
거나, 본래 자리 잡았던 몇 개의 나사의 위치가 뒤바뀌곤 했다.

나는 그 '나사'들로 세상을 바라보곤 했다.
마치 그 세상이 전부인 것처럼.

하지만, 세상은 나를 '이름 모를 나사'로 지칭하였다.

나는 존재를 위해 나사에 이름을 정해야 했다. 반대편 공간에서 좀 더 눈에 띄는 모습으로, 또는 기억에 남을 수 있는 이름으로.

벽을 뚫어야 하는 것은 쉽지 않았다. 내가 나사를 조일수록, 반대의 공간 또한 벽을 지키고 두텁게 뱉어냈다.

세상 속에서 '이름 모를 나사'인 나를 바라본다.
양손을 내려놓아도 나사는 계속 돌아가고 있다.
처음부터 아무리 빼내려 해도 빠지지 않고, 아무리 끼워 넣으려 해도 들어가지 않았다.

그 간극에서, 그 간극으로 인해, 그 간극으로부터 울음은 쏟아져 나온다.

나는 연결될 수 있는가?

나는 세상에서 존재할 수 있는가?

나는 애써 소리내어 운다.

콤플렉스

너는 눈물로 시작되었다.
한
　방
　　울,
샘에 떨구었을 때
너는 아주 단단히
옹골찬 모습으로
깊게 빠졌지.

퐁당 - 소리를 내며
돌멩이 위에 자리 잡은
그 모습은 마치 태아.
그래, 콩팥 - 같았어.

아프기도 했지만 아름다워서
내가 콩팥을 떨어트렸다는 사실을
누구에게도 들키고 싶지 않았으니까
그래도 널 떼어놓고 갈 수 없었지

너를 헤집어 씹어먹으면
성장통에 좋다는데
믿을 수가 있어야지

보잘 것 없는 너의 존재가
결국 나와 같다는 걸
외면할 수가 있어야지

그래서 아직도 제자리걸음을 걸어.

참여소감

시와 무관한 시

무관이라는 것은 자고로 관계가 없다는 것이다.
나는 이러한 부분에서 의문을 갖지 아니할 수 없다.
이것을 설명할 때 '관계가 없음'이라고 답한다면
A와 B는 관계없는 관계가 아닌가.
그렇다면 비로소 관계없는 관계가 생성되었다 볼 수 있다.

굳이 이것이 무엇을 위함인가 묻는다면
하모 어떠한 의미도 없다고 대답할 수 있다.
그러나 의미 또한 관계와 비슷하여 '의미 없음'은
의미 없는 의미를 가진다고 볼 수 있으며,
당최 의미 있는 것은 또 무엇인가 반문해볼 수도 있겠다.

시시콜콜 말도 안 되는 이야기들을 줄창 늘어놓는 것이,
생각나는 대로 뱉는 것이 시냐고 물을 수도 있겠다 하다만
어리석은 소인이 무엇이라 답하리오.
이것은 시와 무관하며, 아무 의미도 없으며, 시 아닌 시라 하외다.

그러나
나는 그럼에도 불구하고, 관계하며 의미를 찾는 일을 탐색하고
소망한다. 이 모든 일련의 과정들이 각자 지니고 있는 '그것'과
연결이 될 수 있기를 바라본다.
감사합니다.

김현체

1990년 출생 김현체는 다니기 싫어하던 초중고를 꾸역꾸역
졸업하여 남들 다 간다니까 어떻게 대학교도 진학해봤지만
흥미로운 점을 찾지 못하고 휴학 중인 사람이다
별 볼 일 없는 삶을 사는 게 아니냐는 시선을 벗어나기 위해
나름의 개똥철학으로 모든 잣대를 박살 내보려 하지만……

— 다음 화에 계속

숫자

불쾌한 빛이구나
오늘도 밤을 지새워야 했냐

모든 숫자놀음을 우스이 여겼다.
그들의 세상을 들여다보지 않으려 했다.
거울 너머로 숫자가 있기를 견딜 수 없었다.

잠기어 밀려오는 불안 속에서
흔들거리며 버티어야 했냐
벌린 아가리에 가시못이 피었다.

배틀그라운드

비록 알몸으로 이 땅을 디뎠지만
그 기운은 이 땅을 덮으리라.

허리를 숙여 쓰레기를 주워 담지만
내 앞에 무릎 꿇을 것은 너희들이다.

내게 총구를 겨눈 자들
모두 잡아 족쳐 팬티를 벗기고
깃발을 세워 내가 여기 있음을 알리리라.

후진

오토바이는 후진을 못한다.
고양이도 후진을 못한다.
시간도 후진을 못한다.
후지다.

아쉬움

모두 잠들고 홀로 적적함과 마주하며
마지막 소주 한 잔에서 투명함을 보며
사랑하는 사람과 작별 인사를 하며

담뱃불이 필터를 태우려 하며
한 조각 남은 보쌈고기의 어색함을 보며
축제가 끝나고 무기력해진 야광봉이
재활용 쓰레기인지 일반 쓰레기인지 고민하며

어제와는 다른 일요일 밤거리를 걸으며
다 마신 줄 알았던 커피잔의 얼음이 녹아 커피맛 물을 마시며
화려한 번화가에서 서로 다른 목적지의 택시를 잡으며

여행을 마치고 돌아오는 어둑한 고속도로에서
컨츄리 음악을 들으며
오랜 시간 함께한 쓸모 없어진 물건을 놓아주며

여름

나무를 녹여버릴 뜨거운 햇볕 속에
공기들도 서로 붙지 않으려 생긴 공간 사이를
매미들의 울음소리로 채워보지만
부족했는지 그 여유로움이 느껴진다.

푸르러 수북해진 잎사귀들이
햇살을 잡아먹고 키운 그늘은
촉촉한 흙과 만나 서늘함이 만개하고
그곳을 찾는 이들을 감싸 안는다.

열기를 품은 모래알들은
게을리 고요함을 노래할 뿐이다.

록스타

깁슨기타의 썬버스트 도색은 멋졌다.
소리는 상관없었다. 날 때부터 그런 건 몰랐다.
시드비셔스의 사진 한 장으로 네이키드 클래식에 빠져들었다.
나도 라이더자켓을 걸치면 자유로울 줄 알았다.
가죽부츠의 상처는 명예로웠다.
찢어진 캔버스에 그려진 유니언잭의 의미는 상관없았다.
아나키즘이 뭔진 모르겠지만 멋있는 거다.

살다 보면 그런 거지 우후 말은 되지.
이어폰의 외침은 이 세상의 소리였다.
형형 각색의 피크는 침대 밑의 파수꾼이 되었고
녹슨 엘릭서 기타줄은 오랜 줄다리기를 하고 있다.
오늘도 우드스톡 밤하늘의 별을 그려본다.

참여소감

    시를 적어본 것이라곤 초등학교 때부터 고등학교 1학년 때까지 약 10번, 백일장에서가 전부였습니다. 수필에 비해 적은 글씨를 써도 됐고, 그림에 비해 준비물이 간단해 모두 시를 썼던 기억이 납니다. 백일장 가서 가장 간단히 제출할 수 있던 것. 저에게 시란 그런 것이었습니다.

    앞으로도 그럴 것 같습니다. 무엇을 어떻게 표현하면 좋을지, 가장 적은 글씨로 내 머릿속 고농축의 향기로운 엑기스만을 뽑아 활자로 표현해 보는 것. 그 것을 고민해보는 꼭 좋지만은 않은 시간을 가질 수 있었습니다. 창작활동은 늘 반갑네요.

배우리

예술의 한 조각도 중2병이라 절하하는 세상에
수긍하고 사는 사회구성원 1인

시간

10년 전 나는
어느 것 하나 알 수 없었다.

10년이 지난 나는
여전히 하나도 알지 못한다.

하지만 10년이 지난 나는
10년 전 아무것도 몰랐다는 것을 알았고,

10년이 더 지나가도
나는 여전히 모르겠지만,

지금의 내 무지는 깨달을 수 있을 것이다.

끈

사람과 사람 사이에는
일정한 끈이 있다

그것은 첫 만남에 생기는 것일까
아님 서서히 만들어 가는 것일까

사람과 사람 사이 인연의 질김이,
끊어지려면 너무도 쉬운 것을
우리는 단단한 끈에 묶여 있을 땐
왜 알지 못했나

퇴근길

오늘도 어김없이 나는 늘 걷는 그 길을 걷고 있다.

아무런 생각 없이, 아무런 색채 없이

모두가 같은 모습을 하고 집을 향하고 있다.

아무런 생각 없이, 아무런 변화 없이

그렇게 나는 집을 또 나선다.

아무런 생각 없이, 별다른 변화 없이

나태함

일정한 결과를 위해서 열심히
노력하는 사람의 모습은
늘 멋지다.

우리는 늘 노력 없는 사람을
나태하다 말하고
손가락질 하기 바쁘다.

나태한 사람의 진실은
그냥 게으른 사람이 아니라
자신이 가진 재능이
한 톨이란 것을 알게 되는 게
두려운 것은 아닐까

스마트폰

우리는 스마트폰을 얻고
현실에서의 대화를 잃었다.

아이러니하게도

눈 앞의 사람을 두고도
우리는 핸드폰만 지켜보고 있다.

스마트폰 속의 다른 사람들을 만나기 위해서

우리는 현실의 사람들을 잃어가고 있다.

그리고 자신을 포장하다
'나'의 존재도 잃어가고 있다.

토양

열매의 과실을 취할 때
우리는 나무에 감사하며
나무를 키운 토양의 감사함은 잊는다.

내가 잘나서 성공하는 게 아니다.
나의 성공을 위해
기꺼이 토양이 되어 준
사람에게 감사하자

참여소감

    시를 많이 보는 편이 아닌지라 간혹 지나다니며 드는 잡다한 생각을 적어보았습니다. 다른 작가분들이 어떤 주제로 자신들의 생각을 써 내려가셨는지 궁금하고, 책으로 만들어진다니 기쁜 일입니다.

박수민

4월 24일. 황소자리.

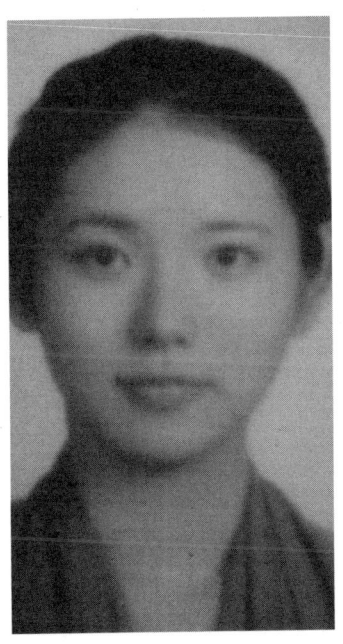

취미와 특기
화장품 성분표 분석하기
중고서적 모으기
고민 들어주기와 솔루션 제시
좋아하는 장소
대형마트
도서관
최근의 고민
머리숱이 너무 많은 것
음악가를 추천한다면?
로니 제임스 디오

게슈타포 장교가 〈게르니카〉 복제본을 들고 피카소에게 물었다.
"자네가 그렸나?"
피카소가 대답했다.
"아니, 당신이 했지."

0

한 번뿐인 인생, 후회 없이 살자.
그런 못된 짓을 한 변명이 고작 그거였니.
모든 사람들이 너의 시커먼 속을 모른다고 해서 있던 일이 없어지는 건 아냐.
그런 주제에 잘도 남한테 채근담에나 나올 것 같은 소릴 떠들고 다녔구나.
혹시 자신이 그랬으면 하는 마음에 남한테 떠들었던 건 아니니.
부처님 가운데 토막 같다는 소리를 듣고 다니는 당신,
매일 입고 다니는 빳빳하고 새하얀 셔츠를 빨고 다려주는 당신 부인에게
추잡스러운 병 옮기지 말고 오입질 좀 어지간히 하지그래.

라떼도 우연

그 상처들은 부드러운 진창이 되어 차곡차곡 마음 한켠에 쌓인다.
갯벌에 바닷물이 들어왔다 밀려나면 드러나듯 쉽게 풍화되지 않고 가라앉아있다.

오랜만이네.

내가 첫눈에 반했던 볼록한 앞광대가 나온다.
추석에 사촌동생이라도 만난 듯 낄낄거리며 조잘조잘 쓸데없는 소리를 늘어놓지만,
속으로는 어설프게 앉은 피딱지를 떼낸 것처럼 화끈화끈,
불이 나는 것 같다.

너는 지나가다가 우연히 구남친을 만난 것뿐이지만
내 마음은 흙탕물에 진물이 섞여 출렁거린다.
갈 곳 없이 휘몰아쳐, 꼭 똥물로 만든 라떼 같은 기분이야.

착의

인간관계란 게 뭔지 참.
관장약을 넣었지만 뱃속만 부글부글 끓고 똥은 안 나오는 기분이구나.

마음에도 없는 소리는 마치 목구멍에 누에를 키우는 것 같다.
한마디씩 할 때마다 실을 뽑아서 한 달이면 원피스 한 벌을 뽑는 느낌이야.
겉보기엔 예뻐 보여도 안감은 살갗을 벌겋게 긁어놓는 원피스.

사시사철 예쁘게 입고 다니렴.
어차피 넌 알맹이란 게 없으니.

대니

돈을 버는 이유는 너와 함께 있기 위해서란다.
이런 핑계라도 대니, 오늘도 견딜만하구나.
점심을 천 원짜리 세장으로 사먹는 이유도,
너와 함께 있기 위해서란다.
이런 핑계라도 대니, 오늘도 견딜만하구나.
사고 싶은 신간 추리소설을 빌려보는 이유도,
너와 함께 있기 위해서란다.
이런 핑계라도 대니, 오늘도 견딜만하구나.

제가 개소리를 하는 걸 아는 눈치인 듯한 진상 손님도,
현관 앞에서 날 기다리고 있을 예쁜 너를 생각하면, 견딜만하구나.

안 올 것

어제 새벽 늦게까지 읽던 추리소설처럼,
나가 눈앞에 안 보이면 궁금해서
어쩔 줄 모르는 나.
외박을 하면 일주일은 엄마한테
싫은 소리를 듣겠지만,
너랑 부산에 가기로 한 모레가 기다려진다.

똑딱이 가발

그런 일로 힘들어하지 마.
네가 그 일 때문에 잠 못 드는 밤,
한 밤에 열 올씩 머리가 빠지면,
예전 우리 할아버지 똑딱이 가발
맞추게 되는 건, 한 달이면 되겠구나.
그러니까,
그런 일로 손톱 물어뜯지 마.

참여소감

수상소감 한 말씀.
머리숱이 많다고 탈모가 안오는 건 아닙니다. 돼지털처럼 머리가 뻣뻣하고 굵다고 고민하다가 어느 순간 아기 솜털같이 되어버린 머리를 보며 후회할지도 몰라요. 그러니까 주위 사람들에게 잘합시다.

김미체

1986년 서울에서 태어나다
글을 쓰려다, 음악을 하려다, 지금은 책을 만듭니다
마시는 것은 커피와 홍차고 피우는 것은 담배와 게으름입니다

세계 코뿔소의 날*

오늘은 세계 코뿔소의 날입니다
'우리 모두 동물원에서 만나요!'
어째서?

코뿔소의 생태는, 동물원 세평반 진흙 목욕탕에서 뒹굴다가 한국산 호박과 당근, 배추 따위로 만든 케이크를 먹는 것은 아니잖아요
케이크를 먹는 코뿔소의 모습은 흐뭇하지만요,
우리에 어울리지 않는 갑옷을 입은 채로
치솟은 뿔과 눈빛은 기쁘지만요,
그래도 우리는 영원히 만날 수 없는 것이 좋아요
서각犀角의 슬픔 같은 것은 전혀 알고 싶지 않은 걸요

그래요?
무소의 뿔처럼 혼자서 가라는 말이 무색하게도
뿔 없는 무소들이 고향을 떠돌잖아요
매일 찾아야만 하는 물웅덩이는 해갈이 아닌 위기예요

---

* 세계 코뿔소의 날은 9월 22일입니다.

만물의 영장 같은 말은 허상입니다
그저 나의 바람은 해가 뉘엿뉘엿 넘어가고 더위가 찬 지평선에
우뚝 솟은 뿔 그림자를 지켜만 보는 것이에요

그러면 어제도 오늘도 내일도 필요 없는 감상에 젖지 않고, 고요
히 바라만 보는 것에 마음이 가득 찰 테니까

기호의 사막

한 자 새길 때마다 한 걸음 걷기를 오래,

고개를 쳐들어 둘러보니 도착한 곳은 거대한 사구砂丘였다.
별빛마저 퉁겨내는 모래밭과 먹음직스런 보름달은 세계를 잊었다.
그 내음에 취해 자빠져 달이나 파먹자 마음먹은 지가 언제부터인지. 올려다보며 스치지 못할 것에 조바심 내어 굶주려 왔다.

가끔 눈썹처럼 움츠린 달 곁에 철철 넘치는 은하수가 참 고와서
잊을만하면 떨어지는 별똥별이 운석일까 두려워
다시 차오른 달은 항상 매혹적이기에
마음이 향한 곳은 우주와 하늘뿐이었다.

그래도 손 뻗기엔 참으로 멀어, 바닥을 헤집어 무한의 모래인가 싶은 녀석들을 매만져 손가락 사이로 언제나 언제나 흘러내리게 했다.
어느 순간, 쥐고 있어도 흘러내리는 모래가 까칠해 생긴 생채기에 놀라

모래야 너 무엇 하니!

하곤 꾸중하려 들여다보니 하나하나가 활자고, 글자고, 아마도 모두 말
모두 말이었다.
왜 이리도 부수어져 산산조각 난 언어의 집합체일까.
원래 그런 것인지 내가 그리 만든 것인지.

아, 나는
못다 한 말이 생각나 하나씩 주워 앞섶에 담아내
돋보기도 없이 기우고 기워내기 시작했다.

비어있음

처음 비어있음을 알아낸 것은 언제인지 기억나지 않습니다. 정확히 무엇이라 말하지는 못할 때였지만 비어있음을 나는 느꼈고 허무해하던 것이 분명합니다. 아직도 허무가 무엇이냐고 물으면 정확히 말씀드릴 수는 없지만 이제 조금은 알고 있습니다. 어쨌든 그 무렵부터 태양은 점차 멀어지고 어둠과 연기는 그윽해졌습니다. 연기를 피워내려는 점화는 찰나의 빛이었고 타들어가는 것이 무엇인지는 관심도 없었습니다. 혹시 연기로 빈 곳을 채우려 한 건 아닌가 싶겠지만 딱히 그렇지는 않아요!
그렇게 커져가는 빈 공간은 무無가 아닌가 고민하곤 했었지요. 왜냐니? 나는 이미 이렇듯 여러 가지를 쏟아부어 보았지만 알 수 없는 것에 잡아 먹히기가 일쑤였으니까요. 사람을 만나고 사랑을 하라고? 아이고, 우스운 소리 말아요. 차라리 마리화나를 말아 피우고 말겠습니다. 그러해서 아무것도 없는 것이 당연한 것이라면 본래 이상을 느끼지 못하여야 하는 것 아니겠습니까. 하지만 우리는 뭔가 항상 느끼며 살아가잖아요. 음? 저만 그렇다구요? 거짓말. 무슨 말을 하고 있었더라……. 아, 그래서 비어있음을 당연한 것으로 생각한다면 이미 우리는 모두 완전한 것이 아닙니까. 이 비어있음으로 나는 사실 완성된 것이라는 말이에요. 한결 마음은 편해지는 이야기죠?

이 모든 공허와 허무와 비어있음이 사실 욕망이라는 것을 알게 된다면 우리는 모두 울어버리겠지만요.

귀두에 다마를 박으라고*

시 같은 것은 아무래도 좋잖아. 수천만의 전화기가 매초 수십 번 깜빡이는 시대에 내가 시 같은 것은 깜빡해도 아무래도 좋을 거야. 자정을 지나서도 이어지는 자리에 종이와 펜을 들고 나타난 여러분이 글을 쓰든 말든 누가 신경이나 쓰겠어? 시를 배우겠다는 미친 제자도 요즘은 거의 없을 거거든.

요즘 사춘기의 낙은 세운상가 다리 위에서 욕망의 이름을 보는 것이 아니며 더더욱 존 홈스가 귀두에 다마를 박으라 권하는 일은 없을 거야. 아찔하게 떠오르는 종아리 하나도 배밭에는 없어. 달콤한 불빛이 배 대신 있는 것이 당연하다고 느끼잖아.
살아온 것이 거의 기적적이라던 사람도 일찍 떠나버렸어. 슬픈 일이지. 〈뽕2〉는 대체 무슨 영화인 걸까?
나는 그 서적을 펼칠 일도 없었겠지만 펴보지 못한 채로 가루가 되어버린 거지.

하… 그래서 유하는 귀두에 다마를 박았을까.

---

* 시인 유하의 〈세운상가 키드의 사랑 2〉에 나오는 구절

안녕

참 지겹게도 들어온 말이지만 이제야 알겠네요.
젊음이 왜 빛나는지 알게 되었을 때는 청춘의 끝자락인 것 같습니다. 물론 그렇다고 늦었다는 말은 아니지만요.

안녕.
나는 보았고,
참 빛나고 있었어요. 아무것 하지 않고 그저 일상을 보내는 모습도 찬란할 수밖에. 아무래도 젊음의 초입이란 그런 것 아니겠어요?
가감 없이 이상理想을 말하는, 마지못해 궤변을 늘어놓을 요령이 필요 없는 모습.
소박한 상상도 원대한 꿈도 좀 더 느긋하게 그려내는 그런 것.
막연한 회의감에 점차 넓어지는 세계들이 흘러오는 시간.
누구 탓인지 구분 지을 것이 생겨버릴지 모르는.

아직도 나는 흐름에 실려 가고 싶은데 이젠 다들 과실을 찾아 숲을 헤집으러 가버렸어요. 그 사이에 서서 어딘가 불나지 않을까 조금 살피다 번쩍 지금이네요.

지켜보다 우연히 얻은 풀잎과 조금은 쌀쌀한 봄 내음,
조용히 간직만 해도 흡족해요.

고양이는 고양이

우리의 늠름한 고양이

도도하게도 걸음걸음 기품이 있다는 듯
야옹,
게걸스럽게 참치캔과 삶은 닭가슴살을 먹다가도
야옹,

야옹야옹야옹
누적된 유전 정보가 지금의 고양이를 만들었기에.
바짝 세운 꼬리가 물음표를 그리며
비가 내려도 눈이 와도 야옹,
창틀에 드는 볕을 쬠에 야옹,
아랫목을 잘 찾는 것은 타고난 것.
교양 수업은 들은 적 없지만 교양 있는 고양이.
우아하게 모래로 똥 덮어내는 솜씨는 우수,

평생 야옹을 무수히 내뱉고 뱉어내는 검은 고양이.

참여소감

  시를 쓰는 일이 이다지 어렵다는 것을 잊고 있었다. 인간은 꾸준히 망각하기에 나는 다시 시도를 하였고 여전히 아스라하다. 책을 만드느라 바빴다는 식의 변명을 속으로만 뇌까려 본다.
  어린 시절부터 글재주를 갖고 싶었다. 하찮은 노력도 하기 전에 아름답고 완전한 언어 같은 것은 내가 도달할 수 없는 영역임을 깨달았다. 사실 글뿐이 아니라 많은 분야에서 마찬가지인데, 더욱 아쉽고 부끄럽고 순순히 납득하기 힘든 것이 글이었다. 특히 시의 경우에는 엄두도 내지 못할 정도로 더욱 대단한 것으로 내게 다가왔고 시인을 꿈꾸어 보지 않았다. 그래서인지 이런 태작들을 내놓음에는 큰 망설임이 있었다.
  하지만 먼저 이야기를 꺼낸 사람의 책임감에 개인적인 욕심이 보태져 6편의 시를 세상에 내놓게 되었다. 이런 기회를 만들어 준 나에게 감사드리고 책의 편집을 담당한 나에게 감사드린다.

한지임

가벼운 도벽이 있으나 평소에는 자제하려 노력하는 편이다
아마도 콩나물을 무서워한다
종종 성별을 확인하는 질문을 받고
늘 이름을 다시 확인하는 질문을 받는다
평양냉면보단 함흥냉면을 좋아해서 어디 가서 냉면 먹고 싶다고
말했다가 비웃음을 살까봐 늘 불안해한다

밥

오랜만이다 다음에 밥 한번 먹자

저는죄송한데너무불편하네요사실죄송하진않아요
당신도아마저를특별하게생각하지않으실거고예의상한말이시죠
만나봤자할얘기가있나요어차피서로평소에떠올리지도않는사이아니었나요
아니면혹시좋은일이생겨서자랑하고싶은상대가필요하신건가요나는당신이입을쩍쩍벌리고
음식을씹는모습이너무보기싫어요나는남과겸상해서밥먹는게너무불편하고껄끄러워요
입을벌리는모습은사실내가너무징그러워요그안에보이는치열과목젖이나를괴롭혀
밥먹는나는정말추하답니다평상시보다도훨씬더심한거같아어떡하지
나는남한테내가밥먹는모습을보이기싫어요

나는남과밥을같이먹을용기가없어요

나는내가추하다고생각해요

나는네가싫어요

나는내가싫어요

나는나는나

는나는나

는나는

나

는

좋아요 편하실 때 언제든지 연락주세요!

마침표

너는 마침표를 많이 쓰더라
나는 마침표를 쓰지 않아서 문장이 정말 길어진단다 자주 혼나기도 해
사실 마침표는 나를 두렵게 만들어
마침표는 점에서 선이 되고 선에서 면이 돼서
그 사이에 갇혀버린 글자들이 외로울 거야
마침표가 끊어버린 문장들은 오도 가도 못할 텐데 어떡하지
나는 네 말이 마쳐지지 않았으면 좋겠어

구멍

이따금 구멍을 막아버리는 상상을 한다
거대한 뚜껑을 하나 덮어두면 되지 않을까
그 구멍을 알게 된 후로 나는 내가 낯설어졌다

나는 내 몸 안에 우주가 들어있을 줄 알았어
그런데 구멍에서 나온 건 시커멓고 끈적한 냄새나는 덩어리더라
알고 보니 내 몸에는 구멍이 너무 많은 걸
하나를 막았는데 다른 곳으로 나오면 어떡하지

이따금 모든 구멍을 막아버리는 상상을 한다
코르크 마개를 쑤셔 박기도 하고 스테이플러로 찍어주기도 하고
바느질로 꿰매주기도 할 것이다
그러면 나는 다시 나를 알아볼 수 있을까

어른

어른이 되려면 커피도 술도 맛있는 척 먹어야 하고
담배도 피워야 한단다
안 그러면 네가 아무리 나이를 먹어도 어른은 될 수 없어
시커먼 물을 먹고 시커먼 연기를 뿜어내는 새빨간 공장 같은
사람이 돼야 어른이란다

어른이 되는 건 정말 어려운 일이군요
진짜 그것들이 여러분을 기분 좋게 만들어주나요
멋지고도 위험해 보이는 그 세계를 나는 언제쯤 들어갈 수 있을까요

나는 빠르게 부패하고 있는데 아직도 어른이 되지는 못했다

목욕

밖으로 나가고 싶지 않다

나는 늘 건조하다
하얀 선을 남기며 갈라지는 얼굴과 팔꿈치와 무릎
새하얀 버짐과 각질을 벗겨내다 보면 알맹이도 없이 사라질 것이다

나는 목욕물 안에서 살고 싶다
욕탕을 꽉 채우는 분홍 건포도가 될 때까지

양

세는 것을 포기한 무수한 양들아 거기서 잘 지내고 있니
내가 좀 더 잠을 잘 자는 사람이었다면 그렇게 빼곡하게 너희가
차오를 일은 없었을 텐데
어느 순간 보니 목장은 숨 막히는 하얀색이더라

참여소감

　새벽에 배고프다 생각해서 뭘 먹으면 늘 후회하는 거 같아요. 이럴 땐 따뜻한 물을 먹으면 된다는데 뭔 헛소린지 솔직히 잘 모르겠습니다 다른 분들은 진짜 배고프면 물 마시고도 해소가 되나요?
　어쨌든 시 쓰는 건 재밌었고 확실하게 재능이 없다는 것도 알 수 있는 뜻깊은 시간이었습니다. 다른 시들 좋은 게 많으니 그것들은 천천히 잘 읽어주시면 좋을 것 같습니다.

김형석

1987년 서울 출생

에스프레소 2,500원
아메리카노 2,500원
카페라떼 3,000원
카라멜 마끼야또 3,500원
카페모카 3,500원
화이트모카 3,500원
바닐라라떼 3,500원
메이플라떼 3,500원
연유라떼 3,500원

커피를 만들고
시를 쓰고
사랑도 하고

마침 마중 나온 사람

견딜 수 없을 것 같다고 해도 다시
가만히 서 있던 사람의 마음은 농담처럼 흩어지고
더디게 지워야 했던 흔적들은
아픔으로도 새길 시간을 주지 않았다

어떤 날 당신의 빗나간 카드 점들이
발등을 향해 떨어지고 있었고
밤에만 서술되었던 문장들은 목적어를 잃어버려서
성선설과 성악설 중에서 무엇을 믿느냐는
뜬금없는 이야기들로 빈자리를 채워가고 있었다

잃어버린 대화를 대신해 밥그릇에 재는 쌓여만 갔고
어깨에 잠시 손을 올렸던 것만으로도
내가 오랜 시간 동안 왼손잡이로 살았다는 것을 알았던 사람
단단하게 파인 추억에는 빗물이 넘쳐서 흐르고 있었고
건강하게 견뎌왔던 한 시절이라고 믿었는데 울고 있었다

불빛을 삼킨 어둠이 포만감을 느끼기 전에
미지근한 욕망이 연약한 몸을 떠올리게 만들면
바람에 잠시 멈춰 진부한 메시지를 보낼 무렵

아직 해결되지 못한 문제들만 끌어안고
마침 마중 나온 사람

비 오는 날 무월광의 밤에는

달이 없는 밤입니다 깊어요
인적이 드문 거리에서 길을 잃었어요
우울해야 할 이유가 없었는데
우울해지고 있었어요
오늘은 몇 명이 죽고 몇 명이 태어났을까요
나는 살면서 몇 명을 스쳐 갔었나요
증명하려고 애쓰지 않아도 답을 찾을 수 있었던
당신의 삶은 행복했었나요
가늘게 비가 내리면 생각이 많아졌고
같은 노래를 몇 시간 동안 반복해서 듣고 있었지만
비를 맞아도 감기에 걸리지 않을 것 같았어요
우산이 없는 것은 괜찮았지만
젖은 셔츠가 살에 닿는 느낌은 별로였어요
가야 할 곳을 잃어버렸지만
서로의 영역을 침범해도 기분이 나쁘지 않았던 우리가
비슷하게 외로웠던 적 있었어요
허기를 느낄 때 만났었나요
젖은 몸을 서로에게 기대기 전에
시간이 우리를 말려 주고 있었나요

녹아서 붙잡을 수 없었던 내 삶은 그대로 두었고
사랑만 품고서 달려 갔었나요
마지막 힘을 다한 물방울들이 천천히 떨어지고 있었어요
아직도 달에는 토끼가 산다고 믿는 사람들에게
신기한 사랑이야기 한번 해볼까요
부족했던 과거를 들키기 싫은데
익명으로 전해도 될까요
당신이 나의 사람이었던 날들이 있었다고

나태

삶을 쉬어간 적 없다던 사람을 만나
바다 건너에는 무엇이 있느냐고 물었고
그 대답은 아직 듣지 못했다
걷기에는 조금 먼 길이라며
날개를 빌려서 떠난 사람
어디에 있어도 멈추지 않았던 너를 사랑한다고
소년의 표정으로 외치던 고백은 못 들은 척 남겨두고
바다 위에 사랑을 버리고 갔다
레테의 강을 건너가는 너를 기억하기에는
새로웠던 순간들이 너무 많아서
부지런한 사랑이 언젠가
게으른 삶을 채워주다가 서둘러 떠난 거라고
나를 위로하던 말들을 펼쳐 쉬어갈 자리를 만들고
밤이 오면 수동적으로만 살아지던 날들 속에서
네가 맡긴 시간들을 소비하고 있었다

사람들은 춤을 추고

저녁보다 늦게 일어나는 것은 익숙했지만
만나지 못한 새벽을 기다리는 것은 낯설었다
꿈에서도 본 적 없는 길을 걸었을 때는
아침에 다녀간 사람들의 그림자를 밟고 가야 했다
거리마다 화려했던 모든 색들의 이름을
하나씩 설명할 자신이 없어서
스스로 색맹이 되어 눈을 감았던
나의 세계는 낡아있었다

아이는 혼자 걸을 수 있었지만
엄마의 손을 놓지 않았고
어둠을 기다렸던 사람들은 춤을 추었다
연인도 아닌 사람들이 연인처럼 춤을 추고
만남과 헤어짐이 불분명한 시간 속에서도
살아있다는 신호를 보내고 있었다
내게도 잡아보고 싶었던 손이 있었지
나와 함께 춤을 추기 전에 아침이 오면
죄지은 듯 느린 걸음으로 돌아가는 길 위에서
나는 여전히 낡은 세계를 유령처럼 떠돌고 있었다

당신을 기록합니다

12시가 지났고 어제는 겨울이었습니다 취미는 없었지만 기록하고 싶은 이야기는 있었는데 손끝에서 돌리던 펜을 놓쳤습니다 전부였다가 아무것도 아니게 된 날들이 있었습니다

과거의 사람에게 보내는 연서는 아닙니다 편집되지 않은 활자들이 뛰어놀 수 있었던 유일한 시간에 대한 회상입니다

졸음은 쫓을 생각이 없었고 꿈은 다른 사람의 언어로 채워지고 있었습니다 하나씩 당신의 자리를 밀어내는 기억은 멀리 가지 못했습니다 이미 목소리는 잊었습니다 눈동자를 묘사하려고 할 때는 목이 말랐습니다 갈증을 느끼면 물을 마시면 되었지만 당신을 느끼면 항상 술을 마셔야 했습니다 당신은 노래했고 나는 듣지 못했습니다 정해진 규칙 안에서 자유로웠지만 일정한 음으로 소리 내는 법은 아직 배우지 못했습니다 듣지 못하는 곳에서 살던 소리는 말썽 없는 공간에 가둬두었습니다 비어있던 그 공간을 당신은 사랑했습니다 문을 닫아도 소리는 새어 나가고 당신은 '조금 느리게'라고 이야기하면서 높은음자리표의 세상을 동경했습니다 난독증은 아니었지만 당신의 악보를 읽을 수 없었습니다

나는 꽃병을 떨어뜨리고 당신의 몸에서는 달맞이꽃이 자라고 있습니다 나는 기다림이라고 기록하고 당신은 쌍떡잎식물 두 해 살이풀이라고 기억합니다 오늘은 겨울입니다 당신은 더 이상 내 앞에서 옷을 벗지 않습니다 샴푸를 눌러도 나오지 않고 당신은 눌러도 받지 않습니다 사라지기 전에 기록해야 할 것이 많아서 조급해하고 있습니다 마지막에는 향기가 났다고 떠올렸지만 한숨에는 힘이 없다고 기록합니다

당신이 지나갔습니다 완벽하지는 않았지만 근사한 계절이 지나갔습니다 생각은 당신을 따라가지 못했습니다 무채색으로 남은 이미지들은 침묵으로 줄을 세워 놓았습니다 보편적인 미소는 겨울에 멈춰 있었습니다 당신은 아름다웠습니다

대학 시절

방금 수면 위로 넘어온 것 같은데
나는 스무 살부터 사라지고 있었다
삶이 움직이는 소리를 들은 적 있냐고 물었고
땅 끝에서 건져 올린 문장들로 상을 받았다고 했다
잇몸에서 피가 났지만 양치질을 했던 것처럼
당신은 말이 없었으므로
당신의 서재에서 책을 훔치던 날마다 생각했다
사실 훔치고 싶었던 것은 당신의 문장이었지
당신을 신앙처럼 따라 걸으며 버린 문장을 주워 담을까
시험의 제목보다 중요했던 것은
팔꿈치가 완전히 망가졌던 투수가
두 번의 수술을 하고 처음 등판한 경기에서
몇 개의 삼진을 기록하는지 지켜보는 것과
막차를 놓친 아가씨와 밤새도록 시를 쓰는 일
20세기 문학사를 서술해야 할 답안지에는
어제 본 야구 경기의 내용을 그대로 옮겨 적었다
불특정한 사람들에게 보내는 쪽지들은
음절을 이어가지 못한 채 남아있었고
시키지도 않았던 혼잣말을 중얼거리며

가능성만 계산하다가 끝난 시간들을 떠올렸다
야행성 사람들이 모여서 막걸리를 마시던 가게에서는
오래된 낙서 위로 덧칠한 글자들을 읽을 수 없었고
카페에는 흡연석이 없어졌다
시계의 분침을 읽는 법을 아직 배우지 못한 것 같은데
배경이 없는 곳에서 학사모를 쓰고 사진을 찍어야 했다
나는 페널티킥 앞에 선 골키퍼의 불안˚을 느끼며 떠났고
그리고 당신은 시를 쓰지 않는다고 말했다

---

*   오스트리아의 작가 페터 한트케의 장편 소설 제목

참여소감

　아직 한글도 다 배우지 못했는데 시를 쓰겠다고 하다니, 그때 취해 있었나 봅니다. 장난처럼 시작했지만 그래도 진심을 담고 싶었는데, 어떤 시를 써야 하나요? 평범한 하루에 큰 의미를 부여하면 되나요? 신기한 사랑이야기를 낙서처럼 적어가면 될까요? 내가 아닌 당신이었으면 좋을 것 같다고 생각했고, 낮보다는 밤이 더 좋았습니다. 바다가 나오면 아름다울 것 같았는데 바다를 본지 너무 오래되었네요. 몇 번 던졌다가 다시 주워 담았던 글들이 여기 있습니다. 결과는 만족스럽지 못하지만 늦은 밤 작은 카페에 모여 앉아서 시를 썼던 그 과정은 만족합니다. 부족한 글이지만 풍족한 사람들과 함께 했으니까요. 우리들 시가 책이 되면 한 권씩 들고 여행이나 갈래요?

　당신에게 쓰고 싶었던 글이 있었는데 내가 가진 문장이 너무 부족해서 쓰지 못했습니다. 여기에 짧게 전합니다. 사랑합니다.

성종인

유럽바리스타 자격증 소유

커피자격증 1급 소유

탐앤탐스 SB직급

커피는 자신있음

친구 새끼들

오늘도 모두가 퇴근하는 시간이 되면
한 새끼가 지랄을 시작한다

그러면 모두가 기다렸다는 듯이
하나둘 지랄을 시작한다

카톡 방에 모든 내용이 전혀 쓸모없고
잡다한 지랄들이지만

나 또한 같이 지랄을 하면
일주일 동안 쌓였던
수많은 지랄 같은 일들을
이 시답잖은 지랄로 이겨낸다

아침

좆같다 좆같다

아씨-발! 또아침이야….

좆같다 좆같다

배달어플

오늘도 한끼을 먹기 위해서 어플을 켠다.
뭘 먹어야 하나 고민고민하다
결국 또 어제 시켰던 음식을 또다시 시킨다.

오늘도 일을 했다고 배가 고프다.
그래도 몸을 움직였다고.
또다시 배가 고파온다.

오늘도 살기 위해 시키는지
먹기 위해 시키는지 모르지만
한끼를 시키고 난 기다린다.
한끼가 올 때까지.

여친

오늘도 그녀와 싸웠다.
정말 죽도록 밉다.

난 왜 그녀와 매일 싸우는 걸까??
나의 이기심과 자존심 때문에??

난 나와 매일 싸우는 그녀가 죽도록 밉지만
죽도록 사랑스럽다.

매일 싸우면서도 매일 보고 싶은 그녀
지금도 난 그녀가 보고싶다.

매혹적인 독약 그녀

매혹적인 그녀 너무나 독약 같아
가까이 가지 말아야지 하며
뒤돌아서지만 독약 같은
그녀는 날 중독시킨다

그녀는 가까이하면 안 되지만
멀어지려 할수록
다가가려 욕망이 끓어오른다.

난 그녀에게 멀어지고 싶은 건지
아니면 다가가고 싶은 건지
오늘도 용기 없이 그 자리에 서있다.

가족

아버지
비 오는 날에도 가족을 위해 팬티까지 젖어가며
자동차 기름 먼지 먹으면서
일하시는 아버지.

어머니
자식 키우느라 고생고생하시면서도
내 자식은 따뜻한 방에서 편히 자게 하려
몸 안 아프신 곳 없는 어머니.

동생
못난 형 만나서 형 역할까지 하며 집의 기둥으로 살아가는
나보다 어른 같은 멋있는 동생

나
항상 놀 생각에 빠져서 흥청망청 놀고만 있는
한심하기 짝이 없는 나…

참여소감

    부모님이 주신 좋은 것을 내 스스로 너무 막 사용하여 부모님에게 사죄하는 마음으로 이 시를 쓴다.
    낳아 보니 못난 형 밑에 태어나서 장남 역할까지 하는 동생에게 고마운 마음에 이 시를 쓴다.
    내 스스로 위대한 업적을 못 만들 거 같아, 이 세상에 내 이름 석자 종이에 남기고 싶은 마음에 이 시를 쓴다.
    내 이름 성종인 이렇게 장난 반 진심 반 섞어 비겁한 마음에 이 시를 써본다.

유진호

정회원 이상만 볼 수 있는 프로필입니다

우버택시

나는 우버택시
사람이 아닌 우버택시
하지만 사람의 따뜻한 마음씨를 가지고 있지
왜 그렇게 되었냐 하는 것은
아직도 학계의 난제입니다

간장으로 복원한 집

벽도 바닥도 가구도 천장도 어스름에 헐었다
간장을 빻고 쟁이고 조여서 치덕치덕 고친다
치매는 아직 아닌데, 그냥 모자라서 그래
치매는 아직 아닌데, 그냥 모자라서 그래
치매는 아직 아닌데, 그냥 모자라서 그래

합계 115

저는 어제 그저께? 어제 오늘 왼쪽 귀에 누군가 속삭여요 그러면
안들리는 척을 하고 있구요
그리고 눈 마사지를 해요, 귀만 막고, 코는 열고, 눈을 풀어주고
다시 보니 반갑군
박람회는 또 봐도 못 봅니다

구르지 않기를 바라지를 않기는 하지 않는 방음벽과 21개의
스피커와 나와 귀에 속삭이는 자
스피커는 홀수입니다
짝을 지어줬을 때 하나가 남았습니다

간밤에 내린 눈을 털어내고 전자레인지에 넣고 눈을 쓸어내고
눈을 풀어주는 데에 걸리는 6분
6분은 짝수입니다
시간을 단축하려고 했는데 마음같이는 못했습니다

이 시를 무단복제 하는 경우 헤이 디제이 김미어 팻 비트

옛날 어린이들은 예 예 예 머더뻐커
호우 예아
호환 마마 전쟁등이 대쓰롸잇
컴온 베비 가장 무서운 재앙 이 히 였으나 어허 어 허
현대의 (올롸잇) 어린이들은 허! 무분별한 어 허 어 허
불량 불법 비디오를 후! 시청함으로써 하!
비 행 청소년이 되는Yo a.k.a. B-side 블루보이 래쓰킥잇 호우!
무서운 Yup 결과를 CHo-RaE. 하게 됩니다 예 유노왓암쌔잉?
갓 댐 우수한 영상 매체 엽 인 비디오를 턴잇업 펌핏업 베배
Brrrr 바르게 선택 어허 활용하여 앰아롸잇? 맑고 고운 심성을 가꾸며 핸즈인디에어
우리모두가 바른 길잡이가 돼야겠습니다 smoke weed everyday

회전회오리

회전회오리
붕붕붕붕붕

회오리
붕붕붕붕

회전
붕붕붕붕붕

회전회오리
붕붕붕붕붕

시에 대한 단상

하 이렇게 총 여섯편의 시를 쓰면서 마무리하게 되었는데요
참 감회가 새롭습니다 이런 시를 쓰기 위해서
연초부터인가 작년부터인가 고심해서 글자 하나하나를 떠올리고
그러는동안 또 여러 일들이 있었고요 시로써 자신을 보이거나
또는 보이지않거나 또는 살짝만 보이거나 또는 보일락말락 한 그
런게 바로
시의 묘미이자 참맛이 아닐까 초콜렛먹고싶다 하는 생각이 들고요
최근 먹었던 것 중 가장 기억에 남는것을 꼽으라면 역시 등촌에
서 먹은
닭 소금구이가 있겠네요 주류와 닭 바비큐를 파는 집이었는데 굉
장한 실력의 요리사가
닭을 아주 끝장나게 잘 구워줬어요 저는 특히 닭가슴살이 맛있었
습니다 아무튼
꼭 다시 가고싶은 가게라고 생각하고 있고 아무쪼록 새해복 많이
받으시고 황사조심하시고
닭도 먹고 나이도 먹고 또 나이하면 빠질수 없는 한국 속담이 있
죠 서당개 삼년이면 풍월을 읊는다고 했습니다

서당닭도 풍월을 읊었으면 좋았을것 같기도 한 기분이 드네요 닭이 비록 풍월은 못읊었지만
그래도 닭 쫓던 개가 지붕 쳐다본다고 기본적인 상성싸움에서는 개보다 닭이 유리한 것 같네요
12지에서도 앞에 나오고요 뭐 그런 점들이 있으니까 닭도 그렇게 절망적인 상황은 아니에요
결국은 엄대엄인거죠 끝까지 포기하지 않으면 이길 수 있는거예요
자 그럼 삼년 묵고 풍월을 읊는 개가 이길지! 아니면 맛도 좋고 지붕에도 올라가는 닭이 이길지!
경기~~~ 시작합니다~!!~~

참여소감

    이렇게 poetry의 anthology에 join하게 되어 영광(honor)입니다. 하지만 제 시를 싣게 된 이 시집도 영광일 수밖에 없겠지요. 이것이 경제학에서 으레 말하는 영광-영광 관계라고 생각합니다. 통영엔 굴이 유명하고, 영광엔 굴비가 유명하고, 그렇다면 내가 사는 고장에서는 무엇이 유명할까? 그렇게 고민하다 떠올린 것이 바로 시입니다. 시의 본고장에서 나온 제철 시이니만큼 신선도가 높고 영양이 풍부합니다. 추천드리는 조리법으로는 역시 찜이 적당하다고 봅니다만 저는 개인적으로 간장에 살짝 찍어서 날로 먹는 걸 좋아합니다.

이상학

무엇에 만족하고 무엇에 풍족감을 얻을지는 개개인의 선택이지만
원칙과 신뢰가 무너진 사회에서 돈이 곧 희망이 되는 풍조는
우리를 안타깝게 만든다
― 현 엽기떡볶이 배달 알바

암살구체

무색무취의 독을 선망하던 시대는 지났다 수단은 차고 넘치고 단지 뒤를 주의할 만큼의 조심성만으론 철창 안을 벗어나지 못할 것이다
개 짖는 소리 대신 CCTV를 주의해야 하고 그림자를 동경했던 이들은 모두 사라졌다

존재를 지우기 위해 그것은 부인不人이었어야 했고 출처 모를 표류병 마냥 수집되었다 칼을 벼리는 법부터 닭을 잡는 법까지 살을 찢고 뼈를 갈아가듯 단흔斷痕의 기술을 박아 넣었다

지독한 어둠을 위시하던 그것 중, 어딘가 존재하는 완벽한 유리구체는 긁히고 파이지 않는 이물異物의 경도로 완성되었다

경외적인 구체는 용도의 쓰임에 따라 본연의 목표를 충실히 이행했고 유리가 한번 반짝일 때마다 최소 둘 이상의 책임이 사라졌다 구체는 원자 사이로 눈물을 흘렸지만 눈물은 다른 눈물로 치환될 뿐 눈을 감지 못한다

구체는 완벽한 원형이기에 비틀거림조차 허용되지 않는다.

중력가속도에 이끌려 멈추지 못하는 구체는 대기에 만연한 인간성에 흔들리지 않고 숨을 쉬지 않는 무기물의 가치는 오만한 인간의 잣대 아래 평가되어 조화의 틀을 무너뜨렸다

반짝이는 유리 구체의 광택은 지워지지 않는다.
신발 밑창에 단절된 대지는 구체의 진동을 인내하지 못했고 비겁하지 못하다고 욕하던 사람들과 반짝임을 보지 못한 사람들 모두 잊혀졌다

완전한 구체는 반짝이다 오망성을 그렸고 뒤를 돌아봤을 때는 짙은 칠흑 속 무無를 마주 보게 되었다

무의 관계 속 존재함으로써 빛을 내는 유일한 존재는 타他를 담을 그릇이 되었고

이내 푸른 정전기를 품었다

작은 물방울

비가 쏟아진다.
작은 물방울 하나는 흐릿한 구름에서 하나의 형체를 이뤘음에
기뻐 몸부림친다.

작은 물방울은 아직 아무것도 모른다.
작은 물방울이 무엇인지도 모른다.

작은 물방울은 나뭇잎 위에서 또르르 굴러떨어져 보았다.
다른 물방울들은 빗방울에 더듬이가 사라지는 달팽이를 바라보듯
깔깔거리며 즐거워한다.

작은 물방울은 아직 색깔이 없다.
어디에 물들지는 자의든 타의든 중요치 않다 생각했다.
미숙하고 무지했지만 단지 즐거웠기에 계속해서 굴러떨어졌다.

작은 물방울은 그것이 큰 흐름에 자신을 맡기는 방법이라 생각했다

이내 작은 물방울은 흙바닥에 처박혔고 잉크가 번지듯 순식간에
검게 물들어갔다.

다른 물방울들은 그 모습을 보고 비웃었고 작은 물방울은 더 이상 작은 물방울이 아니게 되었다.

바닥에서 올려다 본 하늘은 계속해서 빗방울을 뿌렸고 떨어진 빗방울들은 꽃이 되고 나무로 물들었다.

작은 물방울은 후회했지만 차가운 바닥은 의식을 빠르게 앗아갔고 이내 거대한 순환의 일부가 되었다.

작은 물방울은 그럴만했다.
애초에 작은 물방울이었기 때문이다.

그럴만했다.

또 비가 쏟아진다.

꽃

희미해져가는 목적의식 속에 눈감듯 흘러가는
구름과 지나가는 숨결 속.
불현듯 저체온증과 같았던 나의 갈대숲에 불길이 치솟았다.
그 불은 삽시간에 번져 나의 갈대숲을 홀랑 태웠음에도 나는 그 불을 외면했다.
그 불은 너무나 뜨거워 멀리서 바라만 보아도 타들어가는 고통이 느껴지기에 내 작은 물 항아리로는 감히 대적할 엄두가 나지 않았다.
불길은 나의 작은 갈대숲을 까만 잿더미로 만들었음에도 지치지 않고 나를 향해 번져왔다 어린아이같이 울어도 보고 달래도 보았지만 사뭇 진지한 하늘은 나를 외면할 뿐이었다.

공포와 절망을 느낄 새도 없이 나는 그 불에 깊이 빠져버릴 수밖에 없었다. 헤어 나오려 버둥거려도 더욱 깊이 빠져버렸다.
유기체 하나 없는 깊고 순수한 화구에 빠져 허우적거리길 수개월, 나는 그렇게 불꽃에 완벽히 사로잡혀버렸다.
불꽃의 주인은 고개를 돌려 외면했고 나의 존재는 바스라지듯 갈라져갔다.

불꽃은 어두운 눈물을 비췄고 나는 불꽃을 밀어내고 다시 밖으로 나올 수 있었다.

나만의 것이었다고 생각했던 갈대숲을 잃었고 불꽃도 모두 사라져버렸다 얄궂은 하늘은 이때다 싶어 장대비를 쏟아붓는다.

폭우에 지열마저 빼앗긴 나는 재만 남은 갈대숲 위에서 해만 떠오르길 기다리며 추웠던 겨울을 회상한다. 겨울이 오면 끝나지 않는 밤이 올 거야.

이윽고 비가 그친 후 나는 낙엽을 모았다.
손발은 기억을 더듬고 가슴은 온기를 기억했다.

가장 아름답기에 나로 인해 깎여나간 부분들이 녹아 흘러들어간다.

나는 꽃밭을 가슴에 담았다.

마지막

눈앞에 날 바라보며 웃는 그녀가 보입니다.

웃으며 일로 오라고 손짓하는 그녀가 눈앞에 있습니다.

가장 화려하고 아름다운 그녀 앞에
지금 저는 너무 작고 초라하기에, 당신을 바라보기 눈이 부셔 눈물이 흐릅니다.

미안해요.

이제 당신의 손을 잡고 놓지 않겠습니다.

배움의 시기

새는 어미가 용기를 채워줘야 날 수 있고 사슴과 토끼는 굴을 파고 숨는 법을 배워야 해. 작은 육식동물들도 사냥법을 배워야 하고 본능과 멀어질수록 더더욱 배움이 절실해.

우리는 배우지 않으면 도태될 뿐이야 복지는 최소한의 인간다움을 잃지 않게 해주지만 다른 선택을 막진 못해 배울게 너무나도 많지만 스스로 깨칠 만큼 똑똑하진 못해.

복잡하고 까탈스러운 우리는 기계 같이 입력한다고 쉽게 저장되진 않아 희생과 인내로 기름을 치지 않으면 어느새 녹슬어 도저히 움직일 생각을 안 하고 이상한 곳으로 굴러가겠지. 게다가 아주 작은 기계를 다루긴 너무나 힘들고 어려워 위대함을 필연적으로 요구하기에 포기하는 이들도 많아.

우리는 맞지 않는 부속을 깎아 맞추는 법은 배웠지만
아직은 조금 미숙한 것 같아.
손을 잡는 법은 커다란 용기가 필요하지 않아.
배우는 방법을 잠깐 잊었을 땐 하늘을 보고 용서하자.

하늘의 태양을 보고 조금이라도 닮아가길 노력하면 그걸로 된 거야.

늙은 조랑말

깊은 달빛이 내리는 어두운 새벽
너무 잠이 쏟아진다.

무거운 수레바퀴는 늙은 조랑말을 지치게 만든다. 무엇이 낡았는지는 모르지만 이대로 라면 무언가 멈춰버릴 것 같다.

같이 끌던 조랑말은 도박에 빠져 발굽을 걸었다가 돌아오지 못하고 있다.

폐지는 물을 잔뜩 머금어 숨이 막힌다.

수레가 멈추었다 마부는 사정없이 매질을 했고
계속 눈이 감긴다.

늙은 조랑말은 지게를 벗고 두 바퀴로 달려 마부를 들이 받아 젊음을 되찾았고 남겨진 수레는 비바람을 맞으며 썩어 문드러지겠지. 그러면 수레는 사라지는 거야.

조랑말은 젊음을 되찾았지만 수레가 사라질 즈음이면 함께 사라지겠지.

조랑말은 쓰러진 마부를 뒤로하고 다시 홀로 지게를 들쳐멨다.
차가운 안개가 나즈막이 수레를 밀었다.
해가 뜨길 인내하며 늙은 조랑말은 지면의 온기 느낀다.

참여소감

　　친애하는 출판사 대표님 덕분에 시를 써봄으로써 지나온 20대의 서투름과 미숙함을 글로 정리하고 마무리 할 수 있었던 뜻깊은 기회를 가질 수 있던 것에 삼삼한 감사를 전합니다. 40대에는 더욱 다채로운 글을 쓸 수 있길 기원하며 많은 자문과 가르침을 주시고 응원해주신 카페꼼지 사장님에게도 깊은 감사를 표합니다.

임윤정

헤비스모커
고양이를 비롯한 작은 동물들을 좋아함
(현)몇 년이 되도록 영어가 안 늘어 고생을 하는 영국 유학생

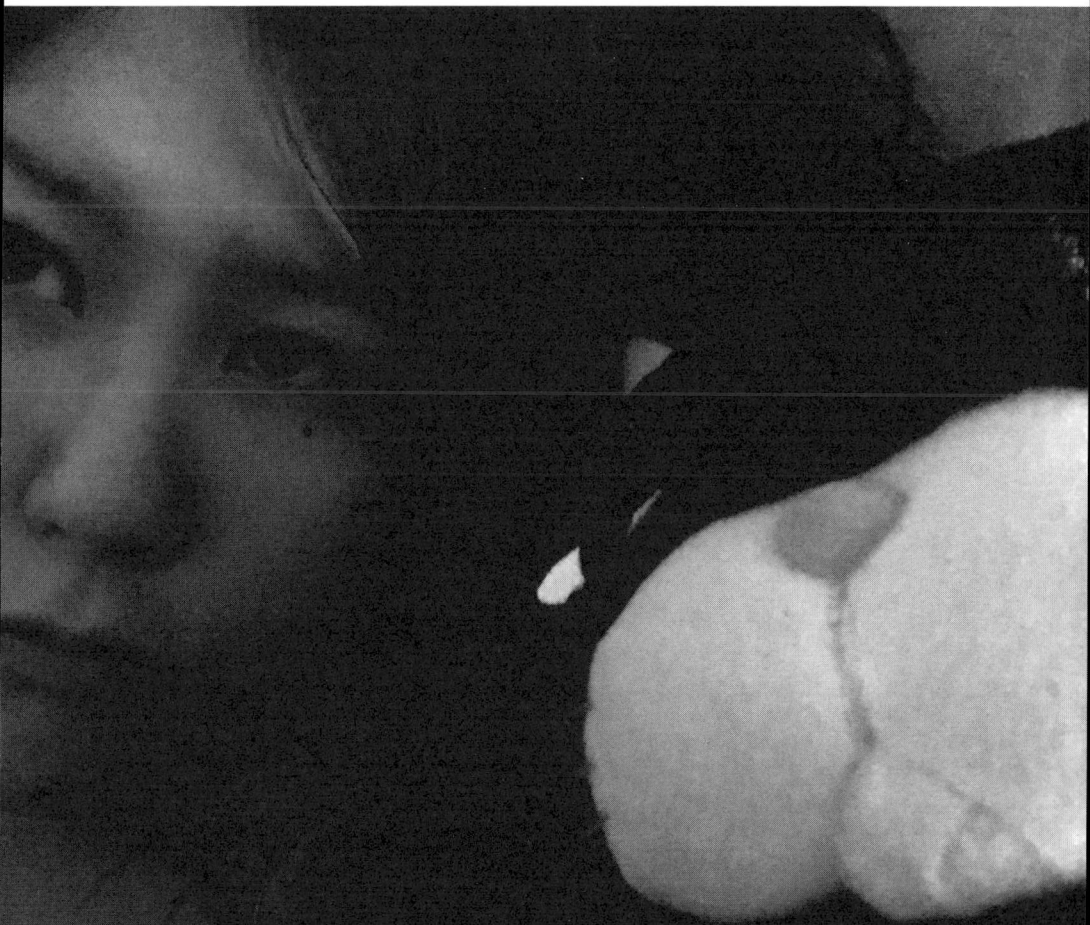

화합물

너와 나와 그 사이의 공간
너와 내가 만드는 그 사이의

아무런 변화도 없을
아무런 영향도 없을

너와 나로 만들어지는
가장 안정된 물질

제한적 복종 : 불가지론적 사랑의 시

귀여움 받을 수 있다면 무엇이든 할 기세로
구원을 유도하는 성스러운 종말론자가 되어

비겁하고 무력하고 비뚤어진 나는
내가 가진 모든 방어기제를 동원해서
지금 이 순간만큼은 너를 죽을 때까지 사랑할 거야

개미핥기

개미핥기야 개미핥기야
우리집 베란다의 개미 좀 핥아줘

과거현재그리고여기

어찌할바를모르는
안절부절함의효과상승
상처를줄수있어상처를받는
기다림의안식과안도와한숨

그런것은이제잊었다하더라도
그런것은이제사라졌다하더라도

기억조차할수없고
기억해서도안될정도로텅빈의미의
아무런절정조차가져오지못하고
아무런상처조차줄수없을지도모르는

얼마나바뀌고틀어지고변하고시간이흘러달라진들
서로의존재자체를잊지는못하는것처럼

서글픈 겨울의 헤비 스모커

불가항력적으로 열려진 창문으로 들어오는 차가운 공기는
내 폐를 지나 뿜어져 나오는 미지근하고 습한 기단과 마주해
좁은 방 안에 대류를 만들어서
아래로 위로 흐르는 공기안에서 나는 아가미로 숨 쉴 거야
이산화탄소와 일산화탄소의 대기
식어버린 연기의 니코틴과 타르의 비
휘날리는 담뱃재의 황사
차오르는 재떨이의 바다와 홍수
쌓아 올려진 한심함 꼭대기에서 나는 아가미로 숨 쉰다고

상쇄의 에어톤

낭만도 슬픔도 없는 이 공간은
무향무취의 텅 빈 소리만이 존재하는 공기의 집합이고
둔탁한 철골구조의 콘크리트 덩어리 위에서 안에서 그 주변에서
네게서 뿜어져 나오는 현기증 나는 모든것만 존재하는
잡히지 않는 소리의 집합이다

낭만도 슬픔도 없는 이 공간은
나 혼자만의 의미로 가득 채운 덩어리에 이름을 붙이고
둔탁한 철골구조의 콘크리트 덩어리 위에서 안에서 그 주변에서
네게서 뿜어져 나오는 현기증 나는 모든 것만 존재하는
잡히지 않을 소리의 집합이다

낭만과 슬픔으로 찬 이 공간은
나와 네가 아닌 다른 것으로 가득 찬 공기의 집합이고
둔탁한 철골구조의 콘크리트 덩어리 위에서 안에서 그 주변에서
네게서 뿜어져 나오는 현기증 나는 모든 것만 느껴지는
잡혀선 안될 소리의 집합이다

이 공간에 찬 낭만과 슬픔은
내가 이 소리의 집합이 가지는 무의미함을 알면서도

둔탁한 철골구조의 콘크리트 덩어리 위에서 안에서 그 주변에서
무기물이 만들어내는 공기의 진동에 의미를 부여하는
만들어진 한심함의 집합이다

참여소감

소감을 적으라니 참으로 멋쩍습니다. 부족한 글이지만 읽어주셔서 고맙습니다. 내가 얼마나 텅 비어있는 인간인지 다시 한번 느낄 수 있는 기회였습니다. 이렇게 써놓으면 비참하게 들릴 수 있겠다 싶지만 그렇지는 않답니다.

하루에 네다섯시간만 자고도 아무렇지 않은 어른이 되고 싶습니다. 여섯시간도 됩니다.

소감의 시 : 한 줌의 패킷
소감 카테고리에 들어갈 시야
여섯 편을 무조건 채우라니 한심하군
문학예술 하는 사람들이 들으면 정신 나갔다고 말할게 아니야
아무튼 쓰라니 쓸 수밖엔, 결과는 어떻든 간에 말이야
이런, 예술가도 아닌 어중간한 놈이 예술가 시늉 헐레니 한심하군그래,
한심한, 저, 처지가 한두 번이 아니야
아무튼 문학 예술 하시는 분들에겐 실례가 되겠습니다.
여섯 편도 제때 채우지 못하니 한심하군
아무튼 쓰려니 쓸 수밖엔, 결과는 어떻든 간에 말이야.

홍종훈

기타 치고, 노래하고, 그림 그리는 유쾌한 디자이너.

1979년 서울에서 태어나 단국대 시각디자인과를 졸업했다. 14살(황토), 11살(튼튼이) 페르시안 고양이 부자를 배부르고 등 따습게 뫼시기 위해 [스튜디오 6982]라는 간판을 걸고 공연 포스터, 앨범커버 등 문화/음악 관련 디자인을 한다.

때로는 지랄 발랄 못난이 밴드 '패닉스위치'에서 기타 치고 노래하고, 때로는 '곰팡이꽃'이라는 이름으로 그림을 그리고 노래를 만들기도 한다. 앨범 〈변기가 된 남자〉, 〈못생겨서 죄송합니다〉, 〈Hard Life〉, 〈옆집남자〉를 발매했다. 2013년 '제천 국제 음악영화제-거리의 악사 페스티벌' 경연부문에서 우승하고, 같은 해 '야마하 아시안 비트' 서울 지역 2등을 했으나 여전히 존재감은 없다.

언젠가 그녀와 수많은 고양이, 카피바라, 라쿤과 함께 살 꿈을 꾸며, 오늘도 문화와 음악 언저리를 유령처럼 부유한다.

마치 개와 같은 사람

어제와 다름없이 혼자서 밥을 먹다가
멍하니 찬밥에 쉰 김치를 얹어 놓다가
생각에 생각이 꼬리를 물다가
갑자기 병신처럼 울어버렸다

이 세상에 어울리지 않는 사람
밥을 먹다 그 사실을 알아버렸다

이 세상에 어울리지 못하는 사람
그 지독한 사실에 울어버렸다

먼지를 뒤집어쓴 거리의 개처럼
그 누구도 다가오지 않으려 한다

오물을 뒤집어쓴 불안한 개처럼
세상의 때를 뒤집어쓴 개가 된 지 오래

냄비에 물을 붓고 라면 봉지를 뜯다가
건더기 스프 내용물을 부어 넣다가

한숨이 한숨을 먹어 버리다
갑자기 미친 것처럼 웃어버렸다

이 세상에 어울리지 않는 사람
라면 끓이다 그 사실을 알아버렸다

이 세상에 어울리지 못하는 사람
그 서글픈 사실에 웃어버렸다

먼지를 뒤집어쓴 거리의 개처럼
그 누구도 다가오지 않으려 한다

오물을 뒤집어쓴 불안한 개처럼
세상의 때를 뒤집어 쓴 개가 된 지 오래

개가 된 지 오래
개가 된 지 오래
개가 된 지 오래

예술이 밥은 먹여주더냐?

같이 밴드 하던 지훈이는
음악을 그만두고
넥타이를 매어버렸더라.

대학 동기 희진이는
그림을 그만두고
고향으로 간다 하더라.

멍청이들!
애초에 나처럼 꿈같은 건 꾸지도 말지 그랬어.

얼씨구 시구 들어간다.
절씨구 시구 들어간다.
잘도 돌아.
내가 돌아 돌아 돌아 버렸네.

얼씨구 시구 들어간다.
절씨구 시구 들어간다.
지구가 돌아.

나도 같이 돌아 돌아 버렸네.

사람들이 죽어 나가네

매일같이 TV에서는 하루가 멀다 하고
사람들이 죽어 나가네.

매일같이 인터넷에는 하루가 멀다 하고
사람들이 죽어 나가네.

그런데 나는 멍하게 또 풀린 눈으로
무슨 바지를 입을까 고민하네

바지에 왼쪽 다리를 쏙 집어넣고서
점심 식사 메뉴를 생각하네

행복한 세상

세상이 너무나도 아름다워.
난 잊고 있었네.
사람들 모두 너무 눈이 부셔
난 잊고 있었네.

라라 라라라 라라 라라라
노래합시다.

라라 라라라 라라 라라라
이 행복한 세상을

라라 라라라 라라 라라라
춤을 춥시다.

라라 라라라 라라 라라라
눈물 나오기 전에

여기저기 수 많은 사람들이
행복에 겨워 모두 눈물짓고

여기저기 행복한 사람들이
기쁨에 부둥켜안고

돈 버는 기계

벌고 벌고 벌고 벌고 벌어서
어디다 쓰는지?

벌고 벌고 벌고 벌고 벌어도
가진 건 없구나.

벌고 벌고 벌고 벌기만 하다
아무도 모르게
좁은 방 안에서 죽어가겠지.

"돈벌이는 왜 이리 힘겨운지 몰라"
지껄여도 내일 또 돈 벌러 가겠지.

부자 되면 사람들이 우러러보겠지.
그러니까 내일도 돈 벌러 가야지.

아저씨

아 : 아저씨!
저 : 저엇같은 소리 좀 그만 하세요.
씨 : 씨발

참여소감

1.
글쓰기 관련된 상이래 봤자 국민학교 때 '전국 반공 웅변대회'에서 받은 최우수상과 군 제대 후 두 쪽짜리 초단편 소설로 받은 'KT&G 상상마당 수시 콘테스트' 입선이 고작이다. 그런 주제에 감히 시의 이름을 빌려 노래를 해본다.

다 쓰고 보니 노래를 멜로디 없이 글로만 풀어내는 과정은 앙꼬 없는 찐빵 같다는 걸 새삼 깨닫는다. 일면식 없는 사람의 마음을 흔들어 놓는 글을 쓰는 이 세상의 모든 분들이 존경스럽다.

2.
좋아한다고 잘 하는 것은 아니다.
잘한다고 좋아하는 것도 아니다.

김태환

1987년생
아군일 땐 시즈탱크
적군일 땐 캐리어
선배일 땐 안감독님
후배일 땐 정대만

슈퍼 마리오

공주를 구하기 위해서는 무엇보다도 돈이 필요했다
배관 타고 지하 끝까지 내려가거나
콩나무 타고 구름 위까지 올라가서
코인을 수집하기 시작했다
방해하는 버섯과 거북이들은 짓밟아야 했다
가만히 있으면 오히려 당했다
코인을 모으면 목숨이 늘어났다
더 많이 시도할 수 있었다
낭떠러지에 떨어지고 누군가에게 죽을 때마다 뜨는 알림은
인셋 더 코인
불지옥을 지나 쿠파를 마주했을 때
마리오는 도끼로 다리를 끊어 쿠파를 용암에 빠트렸다
여기서 게임은 끝났지만 돌아갈 길 따위는 없었다

마리오는 헛웃음이 새어 나왔다
피치공주를 끌어안고 마리오는
쿠파가 떨어졌던 불구덩이로 뛰어내렸다

스페이스 인 홈플러스

떠도는 우주 난민의 쉼터, 홈플러스에서 나는 일한다
나의 임무는 우주 표준의 맛, 피자를 굽고 판매하는 것이다
사원증은 있지만 유니폼에 '피자'라고 쓰여 있어 무시당하지
문이 열리고 엘리베이터가 아래층으로 내려가면
베토벤과 쇼팽의 피아노가 울려 퍼지는
가격이 착한 홈플러스에 도착한다
어떻게 가격이 착할 수 있는지에 대해선 묻지 마
그냥 수단과 방법을 가리지 않고 짓밟다 보면 다 되니까
나는 더러운 각질과 머리카락이 떨어지지 않길 바라며
비닐장갑과 위생모를 착용한다
사실 피자는 치즈 맛으로 먹는 거야 그런데도 치즈는 점점 작게 들어가
올라가는 토핑 중에 치즈가 제일 비싸거든
나는 피자빵인지 피자인지 구분 안가는 피자를 100판 넘게 만들었어
지금부터 외계에서 온 수많은 손님들을 상대해야 하는 정신없는 일과가 시작되지! 봐!
오오! 첫 손님이다 오오! 오징어같이 생긴 아줌마가 내 멱살을 잡아 흔든다
피자에서 머리카락이 나왔어 입맛을 버렸어 책임져!

난 단지 죄송합니다 죄송합니다
고릴라 팀장이 가슴을 치며 뛰어와서는 나에게 소리쳤다
니 월급에서 까서 상품권을 지급하라!
그래도 다행이야, 해고당하지 않아서
나는 기쁜 마음에 피자 도우를 휘리릭 돌린다
고릴라가 날 때리면서 아직 넌 도우를 돌릴 짬밥이 아니니 쓰레기나 버리란다
쓰레기장은 홈플러스의 핵심, 놀랍게도 가장 우주를 자세히 볼 수 있는 공간이다
커다란 쓰레기차를 몰고, 세로로 문이 열리는 엘리베이터를 타고 다시 올라가면
거대한 밤하늘이 바로 눈앞에 펼쳐진다
이 우주에 붙어 있으려면 여기서 12시간을 일해야 해
안 그럼 저 밖으로 추방되어 버리는 거야 쓰레기를 버리는 입장에서
쓰레기로 버려지게 되거든
나는 주섬주섬 챙겨들고 다시 쓰레기차를 몰고
엘리베이터를 탔지
엘리베이터는 위압감 높은 소리를 내며 천천히 내려가
쇼팽의 이별의 왈츠가 엘리베이터 스피커를 통해 웅웅거리고

나는 졸려서 점점 눈앞이 흐릿해져가지
그 순간에도 나는 가격이 착한 행복이 더한
홈플러스로 오세요 중얼거리며 마지막 홈플러스 율동을 하지

제4차 산업혁명

지금까지 인간이 만든 모든 분야는 중앙화를 이뤄왔습니다. 국가가 그렇고, 은행, 교통 모두 강력한 중앙통제력이 자리 잡고 있죠. 그리고 그 중앙의 정점은 언제나 힘 있는 자들이 장악해왔지요. 하지만 기술발전에 의한 혁명은 지금까지 지속돼왔고, 삶은 지속적으로 윤택해졌지만 이런 근본 방식은 변함이 없었습니다. 실제로 제1차 산업혁명부터 3차 산업혁명까지 크게 다른게 없습니다. 모두 인간의 물리적 한계를 극복하는데 초점이 맞춰져 있었죠. 대량생산과 화석연료, 인터넷을 통한 시간 단축을 이뤄왔지만 근본적인 것들은 바뀌지 않았죠. 이 빠르고 명쾌한 세상이 도래했음에도 인간이 바뀌지 않았기에 결국 속도만 빨랐지 제자리걸음을 걸어오고 있었습니다. 하지만 이제 4차 산업혁명 시대입니다. 4차 산업혁명의 핵심은 탈중앙화입니다. 인공지능을 마치 전기처럼 언제 어디서든 쓸 수 있게 되죠. 굳이 중앙화 시스템 속에 종속될 필요가 없어지게 되는 셈입니다. 4차 산업혁명은 굳이 중앙화 서버 아래서 통제를 받지 않아도 개개인, 특히 주변에 보이는 키보드, 전등, 냉장고마저도 똑똑해지고 혼자서 문제를 해결하는 시대고 오게 됩니다. 이러한 탈중앙화는 다양한 시도가 가능해지죠. 블록체인 기술이 대표적입니다. 블록체인은 중앙서버에 과정을 기록하는 게 아니라 거래 참가자 모두가 기록을 공유하는 분산형 원장 시스템입니다. 그 거래를 기록하는 걸 증명하는 연산 작업을 해야 하는데, 이를 '채굴'이라 부르죠. 채굴을 하면 보상을 제공합니다. 다시 한 번 강조하지만 핵심은 탈중앙화입니다. 과거처럼 굳이 금본위시스템에 종속될 필요가 없어지게 됩니다. 국가가 인정한 합법적 기관의 인증을 받을 필요가 없이 우리끼리 서로 증명을 하는 셈이죠. 너와 나, 우리가 모두 이런 기록을 인정하기 때문입니다. 결국 궁극적으로는 어떻게 될까요? 정말 국가 시스템 없이도 살아갈 수 있는 토대가 될 수 있습니다. 중재자가 필요 없어지기 때문이죠. 이건 인간이 쌓아온 정치, 경제, 사회, 문화 모든 곳에서 새로운 바람을 불러일으키게 됩니다. 누군가에게 권력과 부가 편중되지 않게 됩니다. 생산량은 지속적으로 늘어나고, 이를 분배하는 과정에서 생기는 문제였으니까요. 배분의 과정에서 특정 권력층에 편중되는 일이 사라지게 될 것입니다. 이미 기록이 그렇게 증명하게 되니까요. 블록체인은 사물인터넷과 인공지능과의 시너지효과를 낼 것입니다. 제4차 산업혁명은 중앙화에서 탈중화로, 그리고 권력의 평등을 이룹니다. 더 이상 유토피아가 꿈이 아닙니다. 제 4차 산업혁명과 탈중앙화는 블록체인으로 이뤄질 것입니다. 이상으로 발표를 마치겠습니다.

질문 있으신 분?

아니 그래서 비트코인은 얼마나 올라요?

지렁이의 꿈틀

기획회의에서 36번째 기획안이 까인 김 씨는
내가 혹시 까이기 위해 살아가는 게 아닌가 의문을 품었다
대략 30번째 나간 소개팅에서도 그는 늘   까였다
좋은 사람이시니 좋은 인연 만나실거예요 라는 메시지에
좋은 사람이면 니가 날 만났겠지 핑계 대지마 쌍년아라고 답장했다가
주선자와 멱살잡이를 하고 SNS에 사진이 올라갔다
반도의 흔한 병신들.jpg 이라는 제목으로 조회 수 4만을 달성했다
그 뒤로 계속 까이기 시작한 것 같다고 김 씨는 생각했다

대학 동기와 술 약속을 잡아도
야 미안 김장 때문에 못 가겠다야
하 결혼도 안한 30대 청년이 김장을 해?
고등학교 동기와 만나기로 해도
아이구 저런 할머니가 편찮으셔서 못가겠다
평소에 전화 한통 안 하던 새끼가 갑자기?
스트레스를 풀기 위해 바(Bar)에 간다
바에 있는 여자들은
양주 시키면 일단 말이라도 들어준다
맥주 칵테일 안된다. 양주과일세트를 시켜야 한다

간지나게 조니워커 더블블랙을 시켰지만
여자 바텐더는 꺄르륵 웃기만 하고 옆에 앉지를 않는다
이거 봐 왜 이래 돈을 썼으면 나를 정우성처럼 대해야지
소리를 질렀다 달랬다 사정을 하다
그는 또 까이게 생겼다는 생각이 들었다

갑자기 심장이 바운스 바운스 뛰다가
퍽퍽 가슴을 치기 시작한다고 느낀 김 씨는
머릿속이 새하얘짐을 느끼며
양주병으로 바텐더의 이마를 깠다
갑작스런 행동에 익룡의 울음소리를 내던 주변 사람들은
부산스럽게 움직이지만 김씨는 멈출 생각이 없었다
너도 까고, 저기 뒤에 너도 까고, 카운터 보는 넌 뭐야? 너도 깐다

처음이자 마지막으로 김 씨는 희열을 느꼈으나
더 이상 까이지도 깔 수도 없는 몸이 됐다

행군의 아침

물집 잡힌 발 절뚝거리면서
싸락눈 흩날리는 겨울밤 입김 펄럭이며
그렇게 겨우겨우 걸어가고 있었다.
아무리 걸어도
당신과 나 사이에
하염없이 펼쳐진 간극은
당신에게 내가 닿을 수 없게 만들었다.

반짝이던 호수보다도 찬란했던 미소와
떨리던 나를 안아준 따스한 손길과
버드나무 가지처럼 가느다란
손가락의 간지럼까지도
모두 짊어지고 다시 당신을 향해 걸어간다.
어깨를 짓누르는 사랑의 기억은 이제
당신을 잊으라 하고
맞지 않는 워커가 내 발을 꽉 조여와도
난 걸음을 멈출 수 없었다.
사랑했던 만큼 고통인 이 길의 끝은
슬픔이 아닌 추억임을 알기에
나는 다시 당신을 향한 고난의 걸음을 걷는다.

모든 걸 다 편하게 하는 시절에
어거지로 걸어가던 길이니 누굴 탓할 것도 없다.
나의 행군은 여러 사람을 사랑하고
쉬운 사람을 택하는 것보다
한 사람을 사랑하는 게 더 행복하다는 걸 알았기에
웃으며 걸을 수 있었다.

언젠가 당신을 잊고
배낭이 점점 가벼워지고
다른 사람을 스스럼없이 웃으며 맞이할 때가 되면
이토록 잔인하게 무장된 완전군장도 내려놓고
다른 길을 걸어가게 되겠지.
그때가 되면 꼭 도착하길 바라며
오늘도 배낭을 꽉 짊어지고
동이 트는 새벽, 가슴으로 걸어간다.

행복한 나날들

주변에서 살찐 거 같다고 그럽니다.
맞습니다. 식도부터 위장까지, 모세혈관부터 대동맥까지 멀쩡한 데가 없네요.
힘내라고 합니다. 신경 써줘서 고마워요.
제가 지금은 비틀거리지만 언제고 다시 일어설 용기와 저력을 갖고 있지요. 근데 그렇다 해서 달라지는 건 없네요.
언젠가 학교 하늘에서 바라보던 전투기의 착륙처럼 서서히 내려가고 있는 거죠.
살아간다는 건, 죽어가는 것과 같으니까요.
집에 와서 쪽잠을 잤죠. 아주 짧고도 강렬한 꿈을 꿨네요.
새들이 자꾸 추락했어요. 애들은 검은색인데, 눈은 새빨갛더라고요.
새들을 밟으며 바닷가를 향해 걸어갔어요. 문득, 발치에 물컹함이 느껴져 내려보니
웬걸 죽은 내 모습이 보였네요. 탈모로 정수리는 비어 있고 이는 서너 개 빠져 있었죠.
번뜩 잠에서 깼어요. 애써 의미를 찾진 않겠어요. 책상 위의 키티 시계는 언제나 10분 빠르네요.
10시 40분, 내일을 위해 좀 자둬야겠네요.

아, 안녕. 비록 거지도 날 거부하지만, 내일 다시 비틀거리며 일어설 날 위해 오늘은 웃어줘요.

참여소감

시 안 쓰고 탱자 탱자 놀 때부터 이럴 줄 알았다

김상철

나무야 미안해와 프리랜서 편집자로 계약했습니다.
그런데 왜 작가로 올라와 있는 거죠...?

로바나 엔쥴로스

눈이 새하얗게 나렸다.
사뿐사뿐 내린 눈은 쌓이고 또 쌓였다.

왕의 이야기꾼은 무릎까지 쌓인 눈을 헤치며 왕궁으로 향했다.
49번째 이야기 대결*을 앞두고 긴장한 탓에, 추운 줄도 모르고 맨손으로 눈을 파헤쳤다.

왕은 진실로 '이 세계의 지배자'**였다.
그 누구도 범접할 수 없는 강대한 힘을 지니고
그 누구보다도 이야기를 탐닉했다.

더 많은 이야기를 먹기 위해 왕위에 오른 거래

---

*   희극왕은 이야기 대결을 즐겼던 것으로 유명했는데, 두 명의 이야기꾼의 이야기 중 더 재미있는 이야기를 가려 우승자에게 상을 주었다고 전해진다. 이야기 대결을 즐긴 또 하나의 왕으로 오왕자의 난을 일으키고 왕위에 오른 것으로 유명한 탐욕왕이 있는데, 탐욕왕의 이야기 대결은 희극왕의 것과는 달랐다. 우승자에게 상을 주는 대신 패배자를 처형한 것이다. 대결의 우승자는 다음 대결에 다시 출전하여, 새로운 도전자와 이야기 대결을 벌여야만 했다. 탐욕왕의 이야기 대결은 매주 주말 저녁 식사 전에 치러졌다고 하는데, 그날 저녁 식사는 처형한 패배자로 만들어졌다고 한다.

**   탐욕왕은 스스로를 '이 세계의 지배자', '로바나 엔쥴로스'라고 지칭했다고 전해진다. '로바나 엔쥴로스'는 지금은 사라진 아바드어로 '이 세계의 지배자'라는 뜻을 가지고 있다. 또한 인류 최고의 시성(詩聖) 레드루의 연작 시집《49마리》에 등장하는 49마리의 괴물 중 49번째의 괴물로 등장하기도 한다. 강대한 힘을 가지고 모든 살아있는 것들의 왕으로 군림하는 그 거대한 괴물은, 이야기를 먹지 않으면 살 수 없다. 그래서 먹고 들을 수 있는 긴 이야기를 창조해내는데, 그것이 바로 세계라고 한다.

사람들이 수군거렸다.
이야기꾼은 들은 체도 하지 않으려 노력했다.
이야기를 먹지 않으면 살 수 없다나 봐
하지만 저도 모르게 고개를 주억거렸다.

중요하지 않은 이야기 대결이 있었겠느냐만
저주받은 49번째의 대결을 앞두고 어떤 이야기를 풀어낼지 고심했다.

지금까지 이야기꾼은 많은 이야기를 풀었다.
여자는 모두 죽이고 남자는 겁탈했던 고대 왕의 전사들
오해에서 비롯된 전쟁을 영겁의 시간 동안 수행해야 했던 군인
세계의 끝까지 가서야 연인을 놓을 수 있던 남자
삶, 우주, 그리고 모든 것에 대한 질문의 답을 찾으려는 생쥐들의 이야기까지
48번의 이야기 대결을 우승한 사람다운 이야기들뿐이었다.

그러나 그 이야기들은 모두 남의 이야기.
'왕의 이야기꾼'이라는 직함에 걸맞지 않게도
이야기꾼은 스스로 지은 이야기가 단 하나도 없었다.

몇 번인가 이야기를 지어보았으나
이야기 대결은커녕 지인들에게도 보여주지 못할 저질에
이야기꾼은 창작을 포기해버렸다.

단 한 번이라도, 나의 조잡한 이야기라도
누군가가 들어줄 수 있다면
신성했던 49번째* 이야기 대결은 알맞은 무대가 되리라
결심하다가도
저작 없는 이야기꾼이 가진 거라곤
얇게나마 부지해 온 목숨뿐 이라서
이내 포기해 버리고 말았다.

눈은 펄펄 나리고
이야기꾼은 이야기를 포기했다.

---

* 왕국의 국교인 마레메레교에서 49는 저주받은 숫자로 지정되어 있지만, 마레메레교의 전신인 메레교에서는 49가 신성한 숫자로 알려져 있다는 것은 유명한 사실이다. 이는 메레교가 현재 왕국 내에서 이단으로 지정되어 있기도 하지만, 마레메레교에서는 50을 신성한 수로 여기기 때문이기도 하다. 어째서 이런 차이가 발생했는지 학자들의 의견이 분분하다. 최근 제기된 흥미로운 주장에 따르면, 메레교가 대륙 건너에서 전파되어 왕국에 들어올 때 본디 49줄로 마무리되었어야 할 메레의 경전이, 언어적 차이와 번역자의 미숙함으로 인하여 50줄로 늘어나버렸기 때문이라고 한다.

수학

세상 만물 가장 작은 입자마저도
저 자신의 규칙과 법칙에 맞게 움직이는데

왜 나는 당장 무엇을 할지조차
모르겠는지

모든 것들 주어진 원인에 알맞은 결과를 가지고
살아가는데
왜 나는 원인조차 알 수 없는지.

자연스럽다는 말이 나와 상관 없는 말처럼 들리고
자연스러워지길 간절히 바랄 때

나를 구원한 것은 수학이었다.

제발 그 말만은

괜찮아, 난 괜찮아.
아무렇지도 않은 건 아니지만
그래도 난 괜찮아.
미안해하지 않아도 돼. 원망해도 돼.
그러니 우리 그 말만은 하지 말자.
우리가 했던 일들
우리가 보낸 시간들이
아무 의미 없었던 것으로
만들지 말자.

이럴 거면 사랑하지 말 걸 그랬다는,
제발 그 말만은 하지 말자.

몬스터 콜스

사람은 생각이 아닌 행동으로 평가받는다지만,
생각한 것만으로도 죄책감이 들 때가 있다.
충동적이고 비이성적이고 극단적이지만,
결코 놓을 수가 없는 생각.
생각만으로도 혐오감이 드는 생각.

당신은 사람이 생각이 아닌 행동으로 평가되어야 한다 하지만
이런 생각을 한다는 것을 안다면
나를 혐오하게 될까 두려워서
이불 속으로 숨어들고 마는 것이다.

벡사시옹*

다음의 시를 42**번 반복하시오

얼굴들, 호기심, 즐겁게, 당혹, 혼란스럽게, 이게 뭐야? 소란, 그만해, 멈추지 않는, 녹색 칠판, 마음을 편히 하세요. 눈을 감고, 숨을 수동으로 쉬어보자, 눈을 수동으로 깜빡여보자, 당했다, 핸드폰, 지금 시간은? 4시 33분, 거짓말, 체념, 지루함, 발을 동동 구른다. 닳아버린 펜촉, 낙서, 고개를 깊이 떨군다. 언제 끝나나, 우리는 모두 끝을 갈망한다. 바닥엔 먼지가 굴러다닌다. 헛기침, 코먹음, 안경을 고쳐 쓴다. 머리를 넘긴다, OOH-AHH하게, 비웃음, 웃음, 불만, 불만에 대한 불만, 침묵, 삶, 우주, 그리고 모든 것. 다시

---

* 프랑스의 작곡가 에릭 사티의 연주곡. 1장도 안되는 악보에는 다음과 같은 지시어가 있다. ─ "이 곡을 연속해서 840번 반복해 연주하기 위해서는, 그 전에 고요함 속에서 진지한 부동성을 준비해야 할 것이다."

** 더글러스 애덤스의 「은하수를 여행하는 히치하이커를 위한 안내서」에 따르면 42는 '삶, 우주 그리고 모든 것에 대한 해답'이다. 왜 42인지 공식적으로 밝혀진 바는 없다. 다만 *키의 아스키코드가 0101010, 10진법으로 고치면 42가 된다. '*'는 '와일드카드' 문자로, 예를 들어 윈도우즈 기본기능인 '검색'에서 *.bmp를 검색하면 확장자가 bmp인 모든 파일을 찾는다. 즉 '모든 것'을 상징한다.

딸피

사랑하지 않아도 이끌리는 것이 있다.
생각하기 전에 움직이게 하는 것이 있다.

해야 할 일마저 잊고
눈 돌아가게 만드는 것.
저도 모르게 빨려 들어가는 것이 있다.
끝에 무엇이 있는지도 모르는 채
하염없이 빠져들고 만다.

죽을 것을 알면서도
불속으로 뛰어드는 나방과 같이
사람을 홀리는 그런 것이 있다.

참여소감

　글 쓰는 건 포기하고 살았던지라, 처음 불러주셨을 때 많이 고민했습니다. 시를 전공한 것도 아니고, 포기한 놈이 쓸 자격이나 되나… 싶었습니다. 결국은 우리끼리 즐겁자고 하는 거니 부담 갖지 말라는 대표님의 말에 넘어가 쓰게 되었네요.
　결국 나온 거라고는 어디 보여주기도 모자란 졸작들이지만, 그래도 쓰면서 즐거웠습니다. 한때 글을 쓰겠다며 치열하게 펜을 놀리던 날들이 생각나, 자괴감 들고 괴롭기도 하면서 아른아른, 슬프기도 했네요.
　〈로바나 엔쥴로스〉는 2017년 첫눈이 나리던 날 쓴 작품입니다. 눈은 오거나 내리기보다는 나린다는 말이 가장 어울린다고 생각합니다. 예쁘게, 사뿐사뿐. 물론 휘몰아치는 폭설에다가 사뿐사뿐이라는 말을 쓰기는 어렵겠지만, 그마저도 나린다고 생각하면 마음이 한결 편해집니다. 참고로, '로바나 엔쥴로스'는 소설가 '오트슨'의 〈갑각나비〉에 등장하는 인물입니다. 관심이 있으시면 찾아보시길 바랍니다만…… 웹 연재중 연재중단된 작품이라…….
　〈벡사시옹〉은 대학시절 시 창작 수업의 과제로 냈던 작품입니다. 저로서는 매우 애착이 가고 즐겁게 썼던 시입니다만, 당시 교수님의 반응은 매우 부정적이셨던 것으로 기억합니다. 그래도 워낙 아끼는 작품인지라 용기 내어 올려봅니다.
　〈몬스터 콜스〉는 동명의 소설을 읽고 써봤습니다. 영화화되어 극장에 개봉되기도 했더랬죠. 내용도 길지 않고, 삽화가 같이 실려 있어 부담 없이 가볍게 읽을 수 있으니, 관심 있으신 분들은 꼭 한번 읽어보시길.

〈수학〉에는 답이 있지요. 인생에는 정답이 없지만, 그런 면에서 수학이 너무 부러웠습니다만, 마지막으로 수학을 한 것이 고등학생 때인지라 다시 손댈 엄두가 안 나네요.

〈제발 그 말만은 하지 말자〉, 괜찮다고 하고 싶었는데, 정말로 괜찮은 사람이 얼마나 될까요? 정말로 두려웠던 것은 관계가 끝나는 것이었을까요, 아니면 과정을 부정당하는 것이었을까요? 신청곡 듣고 가겠습니다. OK Go - The Writing's On the Wall.

〈딸피〉에 이끌려 함부로 앞점멸을 쓰는 일은 없어야겠죠. 하지만 저도 모르게 쓰는 건 어쩔 수 없는 것 같습니다.

보통 같았으면 지면에 제 글이 실릴 일은 없었겠지요. 귀하고 귀한 기회를 주신 대표님께 정말 감사하다는 인사드립니다. 그리고 귀한 시간을 들여 이 졸작을 읽어주신 당신에게도, 정말 고맙습니다.

...같이 히오스 하실 분...?

김혜인

1993년 1월생
꿈과 현실을 가려내는데 오랜 시간이 걸리는 사람
장래희망은
먼지가 되어 날아다니고 싶다

나비의 자리

나비가 내려앉았던 자국을
오랫동안 바라보았다
거기에 아주 살짝
나비의 흔적이 있었는데
아주 미묘해서 자세히 보지
않으면 알 수 없다

나비는 다시 날아간다

부서진 조각들

잔뜩 울어버릴 만도 한
메마른 사람처럼 아무것도 느끼지 못했고
난 허공에서 당신의 몸을 붙잡을 뿐이었다
길을 걷는다 땅이 부서진다
희미하게 흩어진다
현실이고 꿈인지 구분되지 않는다
발밑의 조각들이 부서진다
간신히 편린을 붙잡고 견디고 있었는데,
나에게는 그마저도 허용되지 않는 것일까
무엇을 사랑하고 사랑하지 않는지 분간할 수 없어.
얇고, 하얀 실들이 끔찍하게 엉켜있다
검푸른 호수

아이야 너의 사진이 내 눈 앞에 겹쳐있어
내가 아는 너는 누구의 얼굴을 하고
내게 말을 건네고 있을까
작은 보자기에 싸여있던 아이는
어느새 스스로 눈을 헤엄쳤지
가장 깊고 검은 지점에서

너는 손을 흔들었지
안으로, 들어가니 그 안에
네가 있었어

너는 검고 푸른 호수 꿈을 꿨어
호숫가의 작은 조약돌이
부서지는 소리를 들었어
잎사귀 사이로 흘러내린 조약돌
가만가만 만져보았지
너는 따뜻했었는데
이제는 하얀 재가 되어버린 너를
손으로 만져보았지
호숫가로 찬찬히 흩어져
아스라한 별처럼 퍼져나갔지

호수는 작은 눈에 박혀
서로를 마주할 때 조약돌이 피어났지

심해

망망 대해 심해 속으로,
잠수부 하나가 퐁당
깊은 바다로 내려갈수록
어둠이 가득 차 있다
가끔 물미역들이 얼굴을 간지럽히고
해초들이 눈앞을 가려
물고기 떼가 지나가는 것을 바라봐
내가 가야 할 곳은 어둠이 짙은 더 깊은 바닥
아무도 도달한 이 없는 고요한 바닷속 사막
삶과 삶 아닌 것 사이의 경계에 있는,
눈과 손가락 사이로 어둠이 흘러 내린다

오래된 책

나는 책입니다.
오래된 책이지요.

오랜 시간동안
아무도 날 읽지 않았습니다.
가시들이 지금의 나를 증명합니다.
하지만 사실은, 내가 당신에게
촘촘히 읽히고 싶었다고.

가시들은 증명합니다 사실 난,
누군가가 날 섬세하게 읽어주길
너무나 바라고 있었다고

제비꽃 소리

발목에 제비꽃이 피어난
네 심장에서 들려오는
고동소리에 조용히 귀를 기울이면
나는 고요한 어둠 속으로 들어가
너의 속눈썹 위로 동그랗게
웅크린 내가 가만히 떨고 있었네

우주와 같이 완전한 암전속
입안의 혀를 탐닉하는
두 개의 심장이 초라하게 빛나고 있어
보라색 꽃잎은 하얀 바다를
물들이고 피어난다

참여소감

작은 여백에 저의 문자들을 채울 수 있음에 감사드립니다.

김영준

1995년 8월생
여러분들과 다름없는 평범한 사람
길 가다 흔히 보이는 일반인
생활패턴, 목표 등 여러분들과 똑같은 사람

공허의 출산

공허가 낳은 공허는
공허를 낳고
공허가 낳은 공허는
공허를 낳고
공허가 낳은 공허는
공허를 낳고
공허가 낳은 공허는
공허를 낳고
공허가 낳은 공허는
공허를 낳고
공허가 낳은 공허는
공허를 낳고
공허가 낳은 공허는
공허를 낳고
공허가 낳은 공허는
공허를 낳고
공허가 낳은 공허는
공허를 낳고
공허가 낳은 공허는
공허를 낳고

공허가 낳은 공허는
공허를 낳고
공허가 낳은 공허는
공허를 낳고
공허가 낳은 공허는
공허를 낳고
공허가 낳은 공허는
공허를 낳고
공허가 낳은 공허는
공허를 낳고
공허가 낳은 공허는
공허를 낳고
공허가 낳은 공허는
공허를 낳고
공허가 낳은 공허는
공허를 낳고
공허가 낳은 공허는
공허를 낳고
공허가 낳은 공허는
공허를 낳고

공허가 낳은 공허는
공허를 낳고
공허가 낳은 공허는
공허를 낳고
공허가 낳은 공허는
공허를 낳고
공허가 낳은 공허는
공허를 낳고
공허가 낳은 공허는
공허를 낳고
끝까지 읽은 당신들의 시간 또한
공허해지고
그것이 또 다른 공허를 낳는다

재생

벽지는 핏물로 도배되고
그 한가운데 연탄은 연기를 뿜으며
스멀스멀 시멘트 속에 스며들어
방 전체를 천천히 앗아가고 있다

머리 가죽은 베개에 들러붙어
새하얀 베개 위에 머리카락 휘날리네
머리맡 번데기들은 봄날의 벚꽃처럼
역겨운 참상을 만발하네

창문의 손자국은 그날의 희열을 남기고
광택을 잃은 채 안과 밖을 보여주지만
얼룩으로 흐려져 밖에서도 안에서도
분간할 수 없다, 아무도

이 방 가운데 홀로
고통스러운 죽음을 피하고자
다시 새로운 시도를 한다
앞으로도 계속… 고통없는 끝을 위해

반사된 경계

깨진 거울 너머
빛을 품고 화려한 풍채를 드러내는 틈새
새하얀 공백 사이에
배시시 웃어
까만 풍채를 드러내며 눈을 맞춘다

자신들의 모습을 훑어봐
미묘한 미소를 짓고
서로의 표면을 마주한다
온기가 가까울수록
숨결이 가까울수록
서로는 둘러보는 모든 풍채에 매료되어 가

그들은 모든 행동을 따라 한다
표정… 시선… 입모양… 숨 쉬는 것까지
서로가 서로를 바라보며
들여다보고 모방하며 공유의 감정을 만개한다

각자의 감정을 넘어서 서로의 몸을 공유해
하얗고 까맣게 뒤섞인 이곳은 같은 색으로 물들어간다

비린내와 함께 뻐금대며 그들 사이의 공허를 응시하고
서로의 공간은 같은 색으로 물들어가
체액으로 채워진 틈을 타
미묘한 신음으로 소리친다

틈새는 피 흘리며 이세상을 갈망한다
틈새는 피 흘리며 저너머를 갈망한다
서로는 각자 간의 세계관을 갈망한다
중간의 공허를 들여다보며
그들은 끝없는 허공을 비명으로 채워간다

비눈물

네가 있는 지금은
너의 흔적을 들을수 있지만
잡음과 함께 들어야해
흔적을 쫓아 달려가면

당신을 향한 길이 안내해줘

그대의 흔적은 움직이는 나를 더디고 떨게 만드니
당신을 쫓았던 이들의 사라진 잔해를 보여주네
진흙으로 채워진 그들의 눈은
슬픔에 잠식되어 덮여져 가
아무도 모르게 사라진다
암울한 해골은 진흙 속에서 이방인을 지켜볼 뿐

두려움 속에서 떨림과 함께
당신의 흔적을 뒤집어 쓴채로
한걸음씩 전진해 손을 뻗어내어
안개처럼 갈린 그대를
품안에서
촉감을 느끼며

들이마시며
그대에 파묻힌다

낙오된 과거

고통스러운 목소리와 함께 죽어나가
한숨의 메아리는 끝이 없고
죽어가는 흔적의 뒤태는 먹물처럼 물들어
비통함에 덮여져 가

죽어가네
곰팡이 낀 옛 추억과 함께
죽어가네
구역질 나는 신념들과 함께

한발의 총성은 비명과 함께 사라져가고
수많은 흉터들은 핏물로 더럽혀져
다시없을 비상은 끝없는 믿음의 도약
들이마신 연기는 불타는 안갯속을 걷는 환상

모든 것이 하얗게
모든 것이 까맣게
입을 벌려 희미한 날숨을 뱉어
죽음의 향기를 만개시키네

새벽의 푸른 하늘은
나의 몸을 푸르게 만들고
새벽의 찬 공기는
나의 온기를 싸늘히 식혀내

흐르는 피는 얼어붙고
눈은 인형처럼 경직되
활력 잃어 파랗게 물든 송장 덩어리는
아무런 감정을 표출하지 못하고
과거에 머물러있네

나는 생각한다

나는 생각한다
고로 나는 존재한다
나는 생각한다
고로 행동한다
나는 생각한다
고로 갈망한다
나는 생각한다
고로 노력한다
나는 생각한다
고로 고뇌한다
나는 생각한다
고로 체념한다
나는 생각한다
고로 분개한다
나는 생각한다
고로 원망한다
나는 생각한다
고로 신음한다
나는 생각한다
고로 응시한다

나는 생각한다
고로 단념한다
나는 생각한다
고로 실성한다
나는 생각한다
고로 추락한다
나는 생각한다

잡히지도 않는 심연의 벽 안에서

참여소감

　말 그대로 아무것도 없는 괴랄한 제 시를 읽어주신 여러분들께 감사드리고, 환자인 저를 어르고 달래 제 시들을 봐주신 대표님께도 감사의 말씀을 드립니다.
　평시에 사람들과 이야기할 때마다 생각났던 망상들을 휘갈겨 써 방구석에 있었던 글들이 밖을 나올 줄은 몰랐습니다. 그렇습니다. 정신질환자라 모든 것이 시에 나와있는 것 그대로 상상하는 게 일상이며, 생활에 지장이 많이 갈 정도입니다.

　제가 디그니타스에 가서 편안한 죽음을 맞이할 수 있게 입금해주시면 고맙겠습니다.
　169001 04 146949 국민은행 김영준

이정민

세상에서 제일 무서운 건 현실이에요.
모든 걸 합리화하거든요.
자기가 노예인 줄 알면서 타협하는
현대판 노예들은 그래서 무서워요.
그래서 그들은 응원받으면 안 돼요. 멋진 줄 알거든요.
해방되어 자유를 찾아야 할 뿐이죠.
아, 물론 제 얘기에요.

노예가 야근할 때 #1

나는 역아逆兒였다.
탯줄을 목에 감고 사람처럼 서있었다.
어쩌면 거기서부터 시작일까.

다 자라 부러진 새끼손가락에 까딱
힘이라도 들어갈까 공들여 타자를 친다.
"안녕하세요"에서 "감사합니다" 까지.

다시 익숙한 새벽이 찾아오고
책임감도 잠을 이기지 못할 때가 돼야
택시도 없는 역삼역으로 나선다.

지하 룸싸롱으로 자유를 찾아나선 노예들과
목줄 없이 오줌을 갈기는 개들 사이에서
피식, 실소가 터져 나온다.

'임마 내가 사람 구실하는 거야.'

노예가 야근할 때 #2

하루 꼬박 널 보기 위해 날을 샜다.
너는 나를 냄새나는 입을 거부한다.
아무것도 먹지도 마시지도. 억울하다.
송장처럼 몸에서 썩은 내가 나도록 일한 게.

죽어서 이 냄새가 날까봐 걱정이다.

노예가 야근할 때 #3

인터넷 여행상품을 쳐다본다.
화면 속 피라미드를 보고 문득 생각이 든다.
'이거 만든 사람들 다 야근했겠지.'

몇 주 밤을 새고서야 프로젝트는 끝이 났지만
또 공허하다.
일은 가고 묵직한 감정의 무게만 남았다.

그간 엄마는 임플란트를 세 개나 했고,
친구는 결혼 날짜를 잡았으며,
은사는 부동산을 늘렸고,
옆집은 이사를 갔다.

나는 여기, 머물러있다.
아낌없이 주는 병신 같은 나무처럼 가만히.
누가 시키지도 않은 삶의 방식에 타협하며.

공허감을 줄이려면 내가 하는 일은 반드시
아무것도 아닌 일이어야 한다.

그럼
난 아무것도 아닌 게 될까 봐
내가 하는 일은 결국 또 대단한 일이 되어버린다.

노예가 야근할 때 #4

술잔이 오간다.
장어가 익어간다.
그를 한 번,
그녀를 한 번,
장어를 한 번 본다.
눈이 감긴다.
좆됐다.
과로사 직전이다.
일을 잘해줬다고 소맥으로 갚지 마라.
꼬리는 내 거다.
니 돈도 내 거고.
화장실 한 번,
떨어진 젓가락 한 번,
차가운 밤 공기 한 번에
정신차릴 시간을 벌어본다.
다시
이번 일,
사랑,
육아,
여행,

가족,
개새끼,
인생을 논한다.
우리는 모든 걸 합리화하고
하나가 되었다.
물론 내 생각은 다르다.
겨울밤은 비틀거리고
내 택시는 당신들이 먼저 타라.
술에 취하면 난 좀 슬퍼지니까
걷고 또 걸어야겠다.

노예가 야근할 때 #5

조간신문이 나보다 먼저 집 앞에 와있다.
그제서야 오늘 하루 고단했음을 실감한다.

저녁도 거르고 야근을 하고 있노라면 뭔가가 치밀어 오르는데
총알택시 창문 너머 동호대교 야경에 취해서는
이 맛에 야근을 하네 마네 자위하게 된다.
그래도 이건 아니라며 집 근처 편의점에 들러
캔맥주를 원샷하고 담배 한 대 태우자는데
아카시아 향기가 코로 훅 들어오면 또 감상에 젖어서는 하루를 용서한다.
직장에서 자아를 찾고 행복을 꿈꾸는 노예는 되고 싶어도 성격상 못 된다만,
그래도 한때 재밌게 벌자, 많이 벌자 했는데
이제는 빨리 벌잔 생각이 든다.

누군가는 당신의 역할을 시작했을 시간,
내일자 신문 앞에 서 결국 옷매무새를 가다듬고는 집으로 들어간다.

노예가 야근할 때 #5

청첩장을 받아든 밤
어제도 오늘도 일하기 싫은 건 매한가지인데
유난히 일이 손에 잡히지 않는 까닭은
고집스럽게도 독신을 외치던 당신들이 궁금하기 때문이다.

이해할 수 없는 광고주의 변덕만큼이나
센척하던 두 남녀가 이내 각각 결혼을 한다는 건
현실 도피일까, 타협일까, 과시였을까
심지어 남자는 두 번째잖아.

상황을 말하는 표정이 같은 광고주를 만난 듯
뜻밖이고 어쩔 수 없는 선택인 거다.
그 선택은 뭔가
아 뭔가, 그냥, 좋아 보인다.
좋은 사람이 된 것 같아서.

나도 뭔가가 되고 싶었던 그때 이후로
누군가를 미워하다 잠을 설치고
분노는 후회로 채워버렸다.

청첩장은 도움이 안된다.

참여소감

내가 하고 싶은게 뭔지 하기 싫은 일을 통해서 배우는 중입니다. 글 쓰고 싶었거든요. 그래서 참여합니다

양석훈

1983년 출생

청담고 졸업

한신대학교 문예창작학과 졸업

개와 고양이를 좋아함

M성향 있음

바퀴

바퀴가 구른다
척수반사에 가까운 반응으로
굴러 앞으로 나아간다

더듬이가 알려주는 길은
너머를 향하는데
다리를 굴러도 다가갈 수 없다

멈추는 순간 도태되는 정글
짓눌리고 부서져 알마저 불태워질
영원한 순환의 고리
뒤집어지면 일어설 수 없다는
협박에 밀려 바퀴가 구른다

둘러보면 수많은 바퀴가 일렬로 서서
온 힘으로 구르는 가운데
날개를 펼치는 바퀴를 보았다

너머를 향해 내려앉은
바퀴가 멈추어 섰을 때

다음 바퀴가 굴러 밟고 지나간다

다시 교훈을 얻은 바퀴는
도리어 안심하고 힘차게 다리를 굴린다
거대한 짐승의 울음처럼 기적소리가 울었다

826825418025

하늘의 별을 보고
나아갈 방향을 정할 수 있던 시대는
얼마나 아름다웠는가

별이 사라진 밤
숫자를 찍어 길을 찾아야 하는 시대는
아주 서글프다

나의 지식은 82점 나의 시간은 6825원
나의 건강은 4등급
나의 모든 것은 값이라는 숫자로 치환되어 내가 된다

나는 소금사막으로 여행을 떠나길 소망한다
나는 개를 키우거나
친구들과 진탕 술을 마시기도 희망한다
그러나 값으로 보면 180만 원 손해를 보고
점수가 25점가량 떨어질 것이므로 포기한다

길을 물어오는 이를 위한
값어치 없는 나의 친절이

값이 아닌 나를 잠시 증명해본다

욕심내고 미워하는 원시인

어쩌면 그게 우리의 본성일지도 몰라
자기와 다른 것을
욕심내고 미워하는 것

원시인이 그랬었지
다른 부족의 영토를
욕심내고 미워하는 것

가진 자도 못 가진 자도
여성도 남성도
상대에게 빼앗기기 싫어서
욕심내고 미워하는 것

몽둥이 대신
날조와 선동을 들었을 뿐이겠지
승자가 전리품을 독차지하는 전쟁과 같은
욕심내고 미워하는 것

나보다 먼저 말한 사람이 있었겠지
지금은 원시시대가 아니야

반반씩 나누어도 돼
그래도 욕심내고 미워하는 것

어쩌면 그게 숨겨놓았던 우리의 본성일지도 몰라
굶주린 육식동물처럼 변치 않는
언제나 욕심내고 미워하는 것

내일 길을 걷다 만날 원시인을 두려워해야 해
아니지 그 원시인은 인터넷에서 더 만나기 쉽더라

불면의 밤

너의 꿈은 천문학자
천체의 운행을 잘 이해했고
원대한 스케일에 가슴이 뛰었다지
졸업하고 갈 곳이 없다며 담임선생이 원서를 써주지 않을 때까진

이제 너의 꿈은 작곡가
예민한 청력과 감수성으로 만든
슬픈 노래를 어느 여가수가 불러주었다지
종갓집에서 딴따라는 안된다며 어머니가 작업실에 찾아오기 전까진

그리고 너의 꿈은 프로그래머
너의 팀이 보안프로그램을 만들어
어느 독일 회사에서 입사 제의를 받았다지
널 보다 못해 친척이 준 등록금을 아버지가 써버리기 전까진

그래서 남은 너의 현실은
별자리를 기록한 노트와
100점짜리 노래방 점수와
학자금 대출 상환금

꿈을 꿀 수 없는 불면의 밤이 남았다

백지의 미궁

두더지처럼 글을 파내려 가야 할 텐데 백지는 아직도 미궁
가슴속에 들은 생각을 글이 따라주지 못하는지
감정이 커져 감각을 잊어버렸는지
자신에게 빚을 진 듯이 부채의식이 어깨를 짓누른다

대고 오려낸 듯이 꼭 닮은 글들을
어떻게 해보려 하지만
아름답고도 희망찬 글을 토해내기엔
보고 듣는 삶에 회한만 서려있다

싸늘함에 지쳐 싸워보려해도
겨우 체온만 전할 수 있는
무력감이 미궁을 헤매는 탓이다

언젠가 출구를 찾아
소리쳐 알릴 수 있다면
초라한 삶에도 의미는 있으련만

피가 담긴 컵 속에 살인마가 있다

어느 날 아이들을 저격했다는 시를 듣고 몸서리쳤다
어려웠던 시절 식량을 구해보겠다고 들어선 것일 테다
여러번 반복되어 화가나기도 했을 테다
그러나 조준사격은 무도한 일이었다
무엇에 놀랐는고 하니
그런 일을 모르고 있었다는 것에 놀랐다

쇠꼬챙이에 찔렸다는 아이
최루탄에 맞았다는 아이
생매장을 당했다는 아이
어머니와 함께 대검에 찔렸다는 아이
길을 걷다 장갑차에 깔렸다는 아이
배와 함께 수장되었다는 아이
손가락이 필요해서 목이 졸렸다는 아이

아는 아이만 해도 상당한데
살인자가 심판받았다는 말을 듣지 못했다

집단이 한 일이라서
술을 먹어서 의도치 않아서

법이 없던 때라서 누가 시켜서
이유는 많아도 결론은 하나

물속에 뛰어들어 몸에 묻은 피 좀 빼보려고
하루라도 형량을 줄여보려는 몸부림에
뉘우침은 찾아볼 수 없다

여자아이 항문을 찢어놓은 자가
출소하고 싶어서
자신을 여자에겐 매너 좋은 사람이라 말하여
다시 한번 생각한다

수많은 살인마가 몸을 던진 그 물이
내겐 피가 담긴 컵으로 보인다

참여소감

시간에 쫓기기도 했고 나태했기도 하여 아쉬움이 많이 남는 작업이었습니다. 그러나 글을 쓰고 싶다는 희망을 이어나가기에 충분한 기회였습니다.

다음 기회가 다시 있다면 독자분들에게 덜 부끄러운 작품으로 찾아뵙고 싶습니다. 제의해주신 분들과 제작에 참여해주신 분들께 감사 인사를 드리고 싶습니다.

시 공장을 열었습니다

무수한 시인을 모아 어두운 골방에 처넣고

소주와 연필 그리고 갱지를 던져주었습니다

쓰지 못한 시인들은 모두 교수형에 처해집니다

밧줄이 아까워 찢어진 소방호스에 목매달린 시인들은

본보기가 되어 스산한 바람에 덜렁거리며

똥오줌을 흘릴 뿐

기어나온 구더기를 집어먹으며 배설의 악취에 취해

오늘도 시를 씁니다